☺ MIMESIS / ETEROTOPIE

N. 782

Collana diretta da Salvo Vaccaro *e* Pierre Dalla Vigna

INDICE

A Laura, che c'è

PREMESSA

C'è un desiderio di narrarsi che è generale ma che non attiene al puro narcisismo. È un sentire più complesso. La socialità virtuale, in apparenza, ci avrebbe proiettato entro un sistema di incessanti relazioni, dove sarebbe stato possibile localizzare, individuare e contattare chicchessia, salvo poi accorgersi che quella rete infinita ci andava sottraendo a una concreta presenza nel mondo. Sono bastati pochi decenni e non ci siamo quasi più. In realtà tra poco scompariremo in quell'umana nebulosa indistinta di cui credevamo essere partecipi, se non protagonisti. E invece diventavamo sempre meno visibili.

Scrivere un libro e in parte raccontarmi ha significato, per me, essere per la seconda volta. L'ho fatto attraverso un Paese, giacché per molti anni ho vissuto l'esperienza di amare e di abitare il Canada. Nulla di identitario ma erano emozioni che toccavano le corde del mio animo. Vancouver era diventata la mia casa. Laggiù non andavo; rientravo. Era così ogni volta, benché non fossi né un uomo in fuga né un apolide. Ero nato e vivevo a Roma, nella città più bella del mondo e sentivo di appartenere a una civiltà e a una cultura secolari.

Evidentemente un luogo ci lascia e un altro ci prende senza una specifica ragione. Di certo gli elementi della diversità e della non riducibilità ai modelli europei, e poi l'avanzare tutto canadese di un esperimento civico, politico e sociale di incredibile inclusione, tutto questo mi suscitava un'ammirazione sincera.

Andava da sé che raccontare via social quel che comprendevo e provavo sarebbe stato, quello sì, un esercizio di futile vanità. Al massimo avrei meritato un commento sfuggente, qualche sforzato cenno di curiosità da parte di un conoscente più sensibile e infine sarei tracimato in quel dimenticatoio collettivo di cui ciascuno presume di rappresentare un'eccezione.

La professione di avvocato mi aveva dato in dono le tecniche di concepire e di compilare una memoria, un ricorso ma la vocazione del racconto scritto non mi era spettata. Sebbene mi attribuissi una certa capacità di osservazione nei confronti miei, dell'umanità e dell'ambiente che mi circondava, ciò non mi permetteva di scriverne. Per farlo mi sarebbe occorsa una quantità di presunzione, tra l'altro, spesa male, inutile. Così ho pensato a Giuliano Compagno, un amico di antica data che ben mi conosceva e che forse avrebbe saputo trasporre nero su bianco storie, aneddoti, circostanze, fatti... Insomma quel che mi aveva reso più forte o più fragile a seconda dei casi. Quel che avevo vissuto, talvolta da solo, talaltra accanto a persone care, o gentili, o indifferenti.

Non voglio accomunare le amiche e gli amici in una rubrica della mia gratitudine. Li ricorderò personalmente tutti, coloro che mi salutavano in partenza, quelli che mi accoglievano all'arrivo e tutti gli altri, che in questo libro sono transitati come tratti del passato o come punti del presente. Alcuni si ritroveranno in un dialogo davanti a un aperitivo, altri nello sfogo di un cittadino deluso, altri ancora in un abbraccio.

Certamente farei un torto al mio vissuto più creativo ed emozionante se non evocassi gli oltre vent'anni in Nctm (oggi ADVANT Nctm): lo studio legale che nel 2000 nasce-va grazie a quei costruttori di impresa e di futuro che hanno saputo trasformare la loro visionarietà in un progetto realiz-zato. A ciò ho partecipato con una motivazione fortissima e viva, sentendo che quella strada sarebbe stata la più lunga e la più bella della mia esistenza. L'avrei percorsa tutta con la fierezza di esserci, condividendo una sfida inventata, incre-dibile e sempre all'avanguardia.

Ma prima di tutto, nel mio animo, stanno le immagini di mia madre e mio padre, c'è l'orgoglio di due persone vere e oneste e ci sono i loro insegnamenti di vita bene impressi nella mia mente e ben stampati, in forma di parole e di fra-si invisibili all'occhio dei lettori. Si chiamavano Agnese e Francesco e so che saranno gli unici a leggere ogni frase e ogni parola, anche quelle non scritte, di questo libro.

1
INCONTRO

Thule, ai confini del mondo.

Virgilio, Georgiche

C'è un ragazzo che sta risalendo un viale di rione Monti, costeggia qualche vicolo di quell'antichissimo scorcio di Roma e si appresta ad attraversare una celebre strada letteraria. La capigliatura riccia gli cade un po' in disordine, le Clarcks gli appiattiscono il passo. È il mistero di quelle scarpe da deserto, scomode come nessun altro paio se si tratta di camminare in città, disagevoli sui sampietrini, addirittura pessime in caso di pioggia. D'altronde, le mode europee d'importazione sono quasi tutte inglesi e, da almeno tre anni, quelle strane calzature color sabbia percorrono in lungo e in largo il vecchio Continente, simboli di una contro-cultura che fa il verso a Bob Dylan e a Steve McQueen.

Il semaforo è passato al verde e il giovane può attraversare via Merulana, un asse tra due basiliche che Papa Gregorio XIII aveva tracciato sul finire del Cinquecento a tutto vantaggio delle processioni religiose. Ma nella Roma degli anni Settanta le sole processioni visibili sono quelle delle automobili incolonnate tra il fumo degli scappamenti e i colpi dei clacson. Tant'è, via dello Statuto va aprendosi al traguardo di quel pomeriggio di fine estate, che poi è un chiosco di giornali in Piazza Vittorio, né più né meno. Una breve fila, tre persone prima di lui. Un'anziana signora che acquista "Il Messaggero", quotidiano principe della cronaca di Roma; mano nella mano alla mamma, un bimbo che domanda dieci bustine di figurine Panini e ne apre subito una; poi c'è un giovane che si dà un tono da intellettuale e che si allontana tutto orgoglioso con "Lotta Continua" sottobraccio. Il giornalaio chiede al giovane scapigliato cosa desideri; lo fa con un istantaneo cenno degli occhi. Si guardano, i due, si conoscono bene, da molti anni.

"Mi dai la ristampa del 10?"
"Non m'è arrivata!"
"Ma come no!?!? M'avevi detto 'lunedì al cento percento!!!'"
Il giornalaio si volta, prende il fumetto e glielo porge.
"Ce caschi ogni mese eh…?!?"

Un sorriso tra vecchie conoscenze suggella quel comune gioco. Stretta nella mano, l'ennesima avventura dell'eroe americano vale un'implicita sfida a tutti i coetanei che mai e poi mai acquisterebbero una striscia dedicata a un maledetto eroe yankee. Perché il mondo che gli sta attorno la pensa diversamente, divide gli uomini in falsi buoni e in finti cattivi, crede che l'eguaglianza si potrà realizzare e che la giustizia redimerà ogni male del mondo. Lui invece, *casual* com'è, con la camicia a scacchi fuori dei jeans slavati, non sa bene in cosa credere, ma tra Ho Chi Mihn e Tex, di sicuro parteggia per il secondo, ed è una scelta non semplice, perché è fuori moda, è contro il flusso della storia ed è un atto per nulla conformista.
Perché è il 14 settembre del 1971 e quel ragazzo seduto sulla scalinata di Santa Maria Maggiore sono io.

Le mie tasche piangono duecento lire in meno ma in compenso ho tra le mie mani il "Tex" che attendevo da due settimane! Lo sfoglio e lo scompagino con la medesima delicatezza che si riserva alla prima sabbia d'estate. Da anni seguo le storie di quel fumetto. Da anni taccio dinanzi ai luoghi comuni che mi tocca ascoltare contro il mio eroe. Conosco le facili ragioni di chi ce l'ha con lui, solo che non sono le mie... Non procedo per ideologie, non è un modo di pensare che mi prende. A me basta ammirare il carattere di Tex Willer: l'ironia semplice, il suo naturale coraggio, quel moto di ribellione che lo anima di fronte a ogni ingiustizia. Come se non bastasse, sono anche attratto dai luoghi che, in sella al suo Dinamite, egli attraversa in lungo e in largo: le praterie, i deserti, gli orizzonti a perdere... ciò che per definizione è sconfinato, illimitato. Un amico filosofo che con me studiava al Classico mi spiegò che quello era esattamente il Sublime, anzi ne era una specie precisa, il *Sublime matematico* di Immanuel Kant, e che l'umana esperienza di finitezza ci coglie proprio dinanzi alle dimensioni e alla smisuratezza dell'Infinito. Quando si è nel deserto o nelle praterie, o addirittura in mezzo all'oceano, ecco che tutto questo ci rimpicciolisce, ci trasforma in puntini difficili da decifrare. E proprio allora si avverte un'emozione che è assai complicato comprendere appieno. Non è soltanto il godere di un paesaggio, piuttosto è subirlo, piuttosto è sentirvisi immerso. E mentre si va smarrendo la maschera di potenza, allo stesso tempo si riconosce il volto umano di un essere al cospetto della creazione e della vita vere... Il mio è il *sublime matematico* di un italiano, figlio di spazi splendidamente disegnati a sua misura, tra vicoli e piazzette, lungo sentieri che formano un labirinto urbano. Il contrario, e cioè lo stupore dinanzi all'infinitamente piccolo, lo colgo distintamente nella felice meraviglia dei viaggiatori nord-americani che passeggiano a Trastevere o si perdono nella Suburra. Ogni tanto mi domandano un'informazione e non manco mai di chiedere a mia volta da dove vengano, quasi collezionassi i nomi delle città dei miei sogni... "San Antonio Texas! Farmington New Mexico! Tulsa Oklahoma! Aurora Colorado! Watertown South Dakota! Billings Montana!" Per me e per molti ragazzi di metà anni Sessanta il Montana era una carne in scatola dove stavano Gringo, Black Jack e i versi di Alfredo Danti, misconosciuto doppiatore televisivo ma geniale anticipatore del rap.

> Lassù nel Montana tra mandrie e cow-boy
> c'e sempre qualcuno di troppo tra noi!
> Black Jack va girando, dicendo a gran voce
> che vuol farmi fare un cappotto di noce,
> ma quando mi vede, quel cane ramingo,
> si mette giù a cuccia e fa bene: son Gringo!

Una sera di marzo mi appare dinanzi una coppia di quarantenni vestiti come fosse estate piena. Lui mi chiede la strada migliore per il Pantheon, io gliela mostro sulla carta e faccio seguire la domandina di prammatica...
    "Regina, Saskatchewan!"
    "Sask what...? I'm sorry... is that in U.S.?"
    "Nooo! Saskatchewan, Canada! Canada!"
    Mi sentii un po' in colpa e me l'andai a cercare sul Dizionario Enciclopedico Treccani che stavamo pagando a rate. Quel tipo non mi aveva preso in giro, il Saskatchewan esisteva davvero e confinava a sud con il Montana dove facevano la carne (che invece era prodotta dall'azienda "ACSAL" di Milano...)! Imparai altre cose: che il suo nome coincideva con quello di un fiume lungo meno del Po e che il suo territorio era stato popolato dagli Athabaskan e dai mitici Sioux!

Per me Little Big Horn era da tempo luogo di un predestinato pellegrinaggio e magari cinque anni dopo avrei coronato il sogno di celebrare laggiù il centenario della clamorosa vittoria Lakota del 25 giugno 1876. Insomma io avevo le stesse frequenze cardiache di Tex, che i Navajos chiamavano *Aquila della Notte*, il bianco fratello di ogni uomo rosso. Tex era addirittura diventato un Navajos, perché aveva sposato la figlia del capo *Freccia Rossa*, Lilyth, che gli aveva dato un bambino. Ma Kit sarebbe presto diventato orfano e Lilyth assassinata da criminali bianchi. Tex si era vendicato (come avrei fatto io) e non si era mai più innamorato di un'altra donna (questo non so se l'avrei fatto anch'io).

Ma lui era un ranger dalla mira infallibile, il che me lo rendeva ancor più fratello perché a me gli occhi davano assai meno affidamento. Tex sparava a due mani con quella noncuranza tipica dei veri ambidestri, quelli che nella vita calcistica si sarebbero incarnati nella pura classe di un George Best, per dirne uno... In ogni caso, quando si arrivava al *redde rationem* con Mister Willer, per qualsiasi manigoldo si faceva durissima. Eppure, a ripensarci, una delle doti che me lo faceva apprezzare di più era il suo nomadismo. Già, perché Tex non aveva un ufficio, un saloon o un ranch dove far sosta ogni tanto. Da questo punto di vista egli era perfettamente apolide, o forse una patria l'aveva, e si chiamava *Giustizia*. Tex cavalcava le piste del West, del grande Nord, colmava distanze pazzesche in pochi giorni e lo faceva sempre per mettere le cose a posto, per riordinare gli eventi più caotici o per archiviare i fatti peggiori. Forse non era *politically correct* e comunque quella definizione, a metà degli anni Settanta, nessuno l'aveva mai pronunciata. Infatti il *Politically Correctness* sarebbe nato verso la fine degli *Eighties* presso le più *liberal* e *radical* università ame-

ricane, con il fine precipuo di riconoscere anche formal-
mente il montante multiculturalismo e, con ciò, di evitare
ogni espressione discriminante, alienante e vessatoria nei
confronti di una minoranza. D'altronde tali e tanti erano
stati gli episodi di razzismo, che era diventata necessaria
l'applicazione di veri e propri codici di condotta, pena rile-
vanti sanzioni a chi li avesse trasgrediti.

Purtroppo è e resterà un vizio statunitense quello di
estremizzare le buone intenzioni sino al punto di incatti-
virle. D'altra parte il nord-America è anche terra di libertà
e di critica, tanto che, trascorsi pochi anni, uno studioso
di vivace polemica, Robert Hughes, avrebbe pubblicato
per la "Oxford University Press" un pamphlet con il quale smontava il prefabbricato ideologico che era alla base
di quell'ambizioso progetto etico. Sin dal titolo, Hughes
non aveva fatto sconti a nessuno: *Culture of Complaint*.
Per l'autore, di origine australiana, la *cultura del piagni-
steo* come residuo del liberalismo degli anni Sessanta era
conseguenza di una malintesa ossessione per i diritti civili, come se l'essere minoranza rappresentasse di per sé un
valore, il che, trattandosi di culture non esattamente identitarie, delineava un paradosso evidente. Fondata proprio
sull'emigrazione e sulle diversità, l'America aveva accolto gruppi di minoranze in continuo – e a tratti crescente
– conflitto tra loro. Allo stesso tempo codesto popolo nascente sognava l'edificazione comune di un mondo nuovo
e talmente forte da redimere dai suoi mali l'Europa vecchia
e viziosa che si era lasciata alle spalle. In questo senso ci
si ritrovava in un labirinto da cui si andava generando il
pericolo, gravissimo, di non uscirne mai più. Ecco, l'amico Tex questo problema non se lo sentiva addosso: per lui
Giustizia era debellare il Male e far trionfare il suo esatto
opposto, quel Bene che adesso non mi è più chiaro se esista

davvero ma di cui a quel tempo, ragazzo che ero, sentivo un grande bisogno. Era quello il mio idealismo. Sbagliavo? Ero nel giusto? Qualunque risposta avrebbe ormai poca importanza. Per me rilevava la profonda irrequietezza del protagonista e, con essa, quella solitudine a cui aderivo fieramente, pur avendo entrambi pochi, solidi amici: lui Kit Carson e Tiger Jack, io Alfredo, Massimo e Fabio, coi quali avrei condiviso la lettura de *Il tranello* e de *Il segno indiano*, ristampe 10 e 11 del nostro amatissimo fumetto. Loro, tre pezzi di artiglieria per il trionfo della Legge; noi, tre pezzi di pizza rossa per il dominio della Fame. E ancora, mi piaceva che Tex fosse sinceramente anarcoide e di mente libera, fuorilegge contro le iniquità, nordista contro lo schiavismo e compagno di avventure del grande Montales, insieme al quale era persino stato un guerrigliero capace di sgominare il maligno regime messicano. Chi erano, in sostanza, i suoi nemici? Erano i proprietari terrieri più avidi, erano i corrotti e i ladri di brutta razza, erano gli indiani dalla parte sbagliata che non gli risparmiavano frecce incendiate e tomahawk… Ed erano tutti loro, insieme, quando attaccavano o sfruttavano i poveri, gli oppressi, i dimenticati. Soprattutto Tex era fortemente antirazzista, stava dalla parte dei più deboli e, se gli indiani se li trovava contro, riconosceva loro le ragioni della rabbia della popolazione "rossa" invasa, e la difendeva contro ricettatori e trafficanti d'armi. Sapevo che quel *ranger* lì non era mai esistito, per quanto il mio desiderio cercasse di convincermi del contrario, eppure gli volevo bene e me lo cercavo come un fratello.

Sto ancora seduto sul mio bel gradino a sfogliare quando leggo qualcosa che mi cambia la vita! Era ora! Alla pagina 12 Tex, fermo a cavallo, contempla un panorama stupefacente. C'è arrivato seguendo l'itinerario che Kit Carson gli ha suggerito per dare buona caccia a Nusky Tull, Hart Chester e Tim Lacy, tre criminali che qualche mese prima avevano ammazzato il grande Arkansas Joe.

> Molti giorni sono passati: Varcati i confini dell'Arizona, Tex ha seguito le tracce dei tre fuorilegge e, dopo aver attraversato gli stati del nord, è giunto al passo di Askondaba, sul confine nord tra il Montana e il territorio canadese. La zona è aspra e selvaggia e Tex, dopo aver passato il valico, vi si addentra con molta cautela.

Sono un ginnasiale che studia, ho idea di cosa sia la geografia e posso immaginare che Tex abbia cavalcato in sella al suo Dinamite da Tuba City fino a un passaggio, quello di Askondaba, che in realtà nessun toponomasta ha mai menzionato, giacché non appare in alcuna carta del nord-America. Ma di sicuro, quasi a seguire il richiamo dell'amico assassinato, egli ha viaggiato per almeno mille e seicento chilometri, attraversando lo Utah, il Wyoming e il Montana, fino ad arrivare a Sweet Grass, contrada di un migliaio di anime al confine con il Canada a cui Lucien Castaing-Taylor, un antropologo di Liverpool, dedicherà al principio del terzo millennio un bel documentario. Intanto le vicende di Tex si svilupperanno tra agguati, sparatorie e assalti, tra Woodville, sede di un reparto di polizia a cavallo e il Fort Kinder (nella realtà Fort McMurray?), che il nostro, insieme al leale Gros-Jean, proteggerà dall'offensiva della "Mano Scarlatta", specie di setta antigovernativa operante in Alberta.

Le storie di quei territori mi sembravano scritte da esploratori immaginari! Invece si trattava di terre vere e di pionieri senza paura. Alberta, che nome semplice rispetto alle tribù che vi abitavano prima degli insediamenti europei:

Assiniboine, Piedi Neri, Cree... A sfruttare la regione era stata per prima la Compagnia della Baia di Hudson nel 1670, quando aveva iniziato a commerciare in pelli e in cacciagione. Era un'area immensa, chiamata Terra di Rupert. Dopo di che, per oltre mezzo secolo, nessuno si sarebbe addentrato in quella sconosciuta parte di continente. Nel 1731 ci si erano arrischiati i francesi, grazie ai quali sarebbero stati innalzati i primi insediamenti, da Bonnyville a Fort La Jonquière (oggi Calgary). Trent'anni dopo un ardimentoso esploratore dal nome un po' hollywoodiano, Peter Pond, si avventurerà nella regione di Athabasca per poi fondare il Fort omonimo. Saranno però i soliti invincibili missionari cattolici a penetrare più in profondità. Su tutti un pioniere di nome Robert Terrill Rundle. Nato in Cornovaglia e inviato in missione nelle Rupert's Land, quel pastore metodista dal volto assai burbero sarebbe arrivato fino a Fort Edmonton, Hudson Bay, il 16 ottobre 1840, dopo avere navigato il fiume per un mese e mezzo. Dal canto suo Alexander Mackenzie esplorerà parte del North Saskatchewan fino a raggiungere il Lago Athabasca.

Per la prima volta veniva aperto un varco verso il Pacifico.

Nel 1870 la Compagnia della Baia di Hudson trasferirà il controllo della Terra di Rupert al governo britannico, che la cederà al Canada. Nasceranno così i Territori del Nord-Ovest e i suoi distretti: Assiniboia, Athabasca, Saskatchewan e Alberta, che nel 1905, in seguito a una forte propaganda autonomista, sarebbe divenuta provincia a se stante e Alexander Cameron Rutherford nominato premier.

Quell'annuncio di terraferma sta prendendo ogni mia fantasia. Più di tutto mi porta lontano il lago Athabaska, che presto imparo a localizzare nelle mappe. Un nome che gli era stato assegnato dalla popolazione Cree, un'area di caccia, di pesca e di infinito, quando l'autunno anima la

Natura fino al suo addormentarsi tra i ghiacci. Circa settemila chilometri quadrati (poco meno dell'Umbria!) che
non conosceranno mai un flusso turistico importante e di
cui sogno di ammirare, un bel giorno, le onde più alte, le
colline rocciose d'attorno, le dune sulla riva meridionale,
l'inesauribile filare degli alberi...

   Ritorno sui miei passi. Richiuse le pagine del fumetto mi
aspetta, a casa, la domanda rituale di mia madre: "Si può
sapere che fine hai fatto?!?", nonché l'espressione un po'
smarrita di mia sorella Laura, che non sa se rivelare alla
famiglia il nome del suo ennesimo amore platonico oppure
tacerlo in attesa di eventi. La mia è una famiglia italiana
piccolo borghese. Di grande dignità. Quella dei miei genitori è la generazione che ha ricostruito il paese dopo una
guerra assurda. In quella decina d'anni che la compiuta catastrofe del 1945 aveva inaugurato come un immenso campo di rovine, ciascuno aveva ripreso a fare il suo, a dare il
proprio contributo senza distinzioni di ceto, di idee politiche, di cultura. Per un breve periodo ogni iniquo privilegio era stato sospeso e tutti insieme – dal più umile al più
potente – poterono sentirsi egualmente italiani. Non erano
facili da spiegare quei miei pensieri di figlio nel cui animo
coabitavano due sentimenti abbastanza contrastanti: da un
lato un remoto orgoglio per l'onesta fatica quotidiana della madre e del padre che mi erano spettati; dall'altro una
sorta di fastidio nei confronti della loro resa a un destino di
inapparenza, come se a loro non fosse stata elargita gloria
alcuna ma soltanto il rimanere nella nostra memoria di figli
riconoscenti, che comunque era moltissimo.

   Negli anni seguenti, verso la metà dei Settanta, avrei conosciuto nei suoi particolari e gustosi aneddoti la storia di
una famiglia che era stata, come dire, travolta dalla confusa situazione italiana. Uno psicodramma che per un anno

sarebbe stato ambientato nell'appartamento di Giovanni Amici, un valente avvocato il quale, al pari di numerosi colleghi e professionisti, non aveva mai visto di buon occhio l'esistenza del partito comunista più forte d'Europa. Perché se in Francia raramente il PCF aveva superato il 20% dei consensi, in Italia nel 1975, alle consultazioni amministrative, il PCI aveva addirittura contato oltre dieci milioni di voti, pari al 33,46%! Un soffio ormai lo distanziava dalla Democrazia Cristiana, che aveva ottenuto il 35,27%. Il leader dei conservatori si chiamava Amintore Fanfani, un irascibile toscanaccio di umili origini e di formazione cattolica: il capo dei comunisti era Enrico Berlinguer: paradossalmente di famiglia colta e nobile, egli univa una certa flemma retorica a uno stile acquisito e a una rara assenza di livore ideologico, combinazione che gli sarebbe valsa un attestato di democrazia. Di fatto in quel 1975 avevano votato comunista gli ex partigiani, gli stalinisti, i diciottenni, numerosissime giovani donne, tutte le femministe, gli intellettuali organici, gli artisti e gli analfabeti, la gente del popolo, gli accademici, gran parte dei giudici, l'intera classe operaia, i cittadini delle metropoli, i settentrionali, gli attori e i registi del cinema. La realtà era però assai meno letteraria. Nell'annuncio di quel comunismo all'italiana albergava un vissuto sofferto e maceroso, un'infelice partecipazione alle sofferenze dell'intero universo, una cieca adesione all'epica delle rivoluzioni popolari d'estremo Oriente (che il tempo avrebbe giudicato come tante successive operazioni criminali) e infine il ghigno della Giustizia implacabile, senza appello, che incuteva un po' di paura.

Un lunedì sera l'intero condominio sentì tuonare la voce dell'avvocato Giovanni Amici:

"Si va tutti in Canada!"

La moglie Carmen domandò: "In vacanza?"

E lui: "Ma quale vacanza! Ci trasferiamo tutti in Canada!" Oltre all'Avvocato, la famiglia Amici era composta da una quieta insegnante di lettere, da un pigro studente universitario e da un liceale estemporaneo; quanto bastò ad alimentare una dialettica convulsa. Né moglie né figli, per primi, afferravano le ragioni profonde di quella bizzarra decisione, che peraltro consideravano inattuabile e, se attuabile, non condivisibile. E se pure condivisibile, non certo da loro tre. Il preveggente genitore prese a spiegare che, con i comunisti al potere, la borghesia benestante sarebbe stata ridotta ai minimi termini, il debito pubblico sarebbe cresciuto a dismisura, l'inflazione avrebbe largamente superato il 40% annuo, gli investimenti esteri sarebbero stati ritirati tempo un mese, alcuni settori strategici sarebbero stati nazionalizzati, la fuga di capitali sarebbe stata definitiva e l'Italia sarebbe stata messa sotto perenne osservazione dalla Nato… Per non citare la nuova classe dirigente! Quella che si poteva scorgere a occhio nudo sarebbe divenuta un'immagine nazionale di grande cupezza: una steppa di burocrati trinariciuti e severi, col capello riportato alla Leonid Breznev, persone la cui immagine più gaudente evocava uno scopone al Dopolavoro o una vacanza sul Mar Nero; discorsi di un'apertura mentale rievocante l'atmosfera di un kolkhoz accerchiato dai nazisti e una nebulosa visione del passato… Insomma quella loro storica eteronimia, sino ad allora repressa, sarebbe stata rappresentata da capi-popolo intolleranti e ideologici.

In questo quadro, si badi bene, non vi era alcunché di esagerato. Per scamparla, l'avvocato Amici aveva già pensato a tutto: lui si sarebbe associato presso lo studio dell'amico e collega Robert Gilles di Toronto; il primogenito avrebbe fatto la Giubba Rossa; il secondo avrebbe proseguito il liceo; e la signora avrebbe fatto la casalinga, una prospettiva

grottesca per una donna di nemmeno cinquant'anni che uno
sciroppino di acero non sapeva nemmeno cosa fosse. Nel
marasma di una polemica sempre crescente, i tre contestatori vennero a sapere che l'aspirante esule stava studiando
inglese da due anni e che ormai, vantando una irresistibile
memoria, aveva virato la boa dei cinquantamila vocaboli.
Quasi alla vigilia del giorno fatidico, Il mio amico Giulio
mi riferì che infine era stato raggiunto un compromesso: se
alle elezioni politiche del giugno successivo il PCI fosse divenuto il primo partito italiano, la famiglia avrebbe ufficialmente annunciato il suo trasferimento. Ma solo in quel caso.
   La vigilia del voto fu vissuta con immensa apprensione
in tutto il paese. O di qua o di là. Berlino o Dresda. Parigi o
Leningrado. Non erano elezioni, era un referendum sul futuro immediato del più strategico paese del Mediterraneo.
   In un clima tra Caporetto e Vittorio Veneto, lunedì 21
giugno 1976, durante lo spoglio delle schede, cominciò a
trapelare la certezza che la DC avrebbe resistito; e rivinto.
Prima la Democrazia Cristiana col 38,71%, secondo il Partito Comunista Italiano con il 34,37% dei consensi.
   Sembrava comunque incredibile che 12 milioni e 615.650
italiani si fossero dichiarati ben lieti di avviare un inten-
so import-export con Varsavia, Bucarest e Mosca. Con un
malcelato pianto nel cuore "L'Unità" intitolò "Impetuosa
avanzata del PCI!".
   La cara famiglia Amici disfò i bagagli e rinunciò al suo
Canada. Da parecchi anni credo fermamente che l'Avvocato avesse pensato alla cosa migliore da fare e che egli era
stato assai più lungimirante e visionario del giovane amico
Giulio.
   A me quelle discussioni rimandavano a un desiderio che
avevo provato sin da bambino; forse per questo una sera
volli riprendere in mano il libro che mi aveva ispirato un

primitivo istinto di fuga. La voglia di lasciare al più presto
mura, porte e vicoli che conoscevo sin troppo bene, che certamente amavo ma che mi toglievano il respiro. "Il reale mi
dà l'asma!", avrebbe scritto Emil Cioran, e io quel genere
di asfissia l'avevo sofferta sin da piccolo.

L'oscura foresta di abeti si estendeva, accigliata, su entrambi i
lati del fiume coperto di ghiaccio. Gli alberi erano stati spogliati
da un vento recente dei loro rivestimenti di neve, e sembravano
curvarsi l'uno verso l'altro, neri e sinistri, nella luce morente del
giorno. Un vasto silenzio incombeva sulla terra. La terra stessa
era una desolazione, priva di vita, senza movimento, così solitaria e gelida nella natura, come un accenno di riso, ma di un riso
più terribile di qualsiasi tristezza; un riso che era privo d'alle-
gria come il sorriso di una sfinge, un riso freddo come il gelo, e
che aveva in sé la tragicità delle cose infallibili. Era la saggezza
dell'eternità, dominante e incomunicabile, che rideva della futi-
lità e dello sforzo della vita. Era il Wild, il Wild del Nord selvag-
gio e dal cuore gelato. Eppure la vita era lì, che si muoveva in
mezzo alla natura avversa e la sfidava.

Era questa descrizione dello Yukon che leggevo all'età
di tredici anni. Una regione di piccoli misteri e di nascoste
occasioni. Nell'estate del 1897, venuto a conoscenza della
scoperta di ricchi giacimenti d'oro nel Klondike, sul confine fra Canada e Alaska, un californiano molto originale era
partito con un amico per unirsi a quella *gold rush* che aveva il suo centro pulsante a Dawson City, dove ci si poteva
imbattere in disavventure d'ogni tipo, spesso crudeli. Dopo
un anno disagevole quel cercatore un po' approssimativo
sarebbe rientrato a San Francisco con un sacchetto d'oro da
pochi dollari. Ma quello strano periodo giovanile aveva ac-
centuato il suo desiderio di narrare e di scrivere, uno dopo
l'altro, una cinquantina di libri.

Capita nella vita: cerchi oro e invece trovi te stesso. In
inglese si dice *Serendipity* e a me quel destino mi aveva

sempre affascinato, come se appartenesse alla mia indole più autentica.

Ah, dimenticavo! Quell'uomo si chiamava Jack London! Io avevo appena iniziato a leggere *Zanna Bianca* ed era la fine del 1970. Esattamente nel tempo in cui Pierre Trudeau si era persuaso a entrare in politica e a coltivare per davvero il suo sogno: di vincere e di cambiare il paese che amava, un paese che si chiamava Canada.

2
PREVEDERE

Il carisma potrebbe essere definito come un
"sogno premonitore" così potente da suscitare
sogni analoghi in altri.

George Steiner

I primi passi sui sentieri della cultura e della politica,
Pierre Elliott Trudeau li muove da matricola dell'Università
di Montréal, dove prende a frequentare ambienti mondani
e selettivi; tale è il club frequentato da un gruppo di amici
così stravaganti da autonominarsi "The Snobs". Con loro il
giovane Pierre si diverte a dialogare su libertà e diritti e ad
avanzare velleitarie ipotesi di obiezione di coscienza quale
risposta alla chiamata alle armi obbligatoria in vista dell'intervento in Europa. Alla laurea in legge, ottenuta nel 1943,
segue un master in politica economica a Harvard. Tuttavia
l'agone politico lo attrae più di ogni teoria giuridica ed economica. Superati i trent'anni si decide al grande passo iscri-
vendosi alla "Co-operative Commonwealth Federation",
organismo pioniere di quel partito laburista con venature
agrarie che era stato fondato a Calgary nel 1932. I *Labour*
non sono un'associazione volontaria allo sbaraglio bensì
una formazione ben radicata in terre dimenticate e lontane
dai centri di potere, tanto da ottenere un discreto riconosci-

mento popolare nelle consultazioni provinciali degli anni Quaranta: in Ontario divengono il maggior partito di opposizione e nel 1944, in Saskatchewan, divengono addirittura la prima amministrazione socialista dell'America del Nord, le cui riforme ispireranno alcune azioni del "Liberal Party of Canada" durante il governo Pearson.

Va da sé che, per certe sue posizioni troppo ardite e assai poco conservatrici, agli inizi degli anni Cinquanta il nome di Pierre Trudeau viene inserito in una delle tante "Black List" che oscureranno il libero cielo degli Stati Uniti in tempi di maccartismo. Il politico canadese, non solo aveva firmato qualche articolo su fogli notoriamente di sinistra ma addirittura aveva preso parte a una conferenza nell'Unione Sovietica stalinista. Il divieto di entrare negli States sarà presto revocato su ricorso motivato dello stesso Trudeau, ma l'episodio assumerà il valore di un cimelio giovanile che la maturità del nostro tenderà a minimizzare, soprattutto dopo l'adesione al "Liberal Party", scelta che segnerà la sua iniziale cesura dalle istanze separatiste del nazionalismo quebecchese. Nel 1965 Trudeau è eletto alla Camera dei Comuni nel collegio di Mount Royal, a est di Montréal. Due anni più tardi il premier in carica Lester Pearson – già insignito del premio Nobel, quale eminente costruttore di pace nella grave crisi del Canale di Suez – gli offre la guida del Ministero della Giustizia, nomina che sa molto di investitura politica e che chiude un lustro liberal (1963-1968) ricco di gloria e di onori: dall'istituzione del primo servizio sanitario pubblico in tutto il continente nord-americano a un reiterato patrocinio del bilinguismo anglo-francese; da un ambizioso piano pensionistico a un largo sostegno alla cultura e alla scuola pubblica. A ciò si aggiunga una nuova bandiera nazionale, quella "Maple Leaf" che il 15 febbraio 1965 sventolerà per la prima volta su terra canadese. Sarà il drappo che tutti impareranno a riconoscere, due esterni rettangoli rossi che una foglia d'acero del medesimo colore, adagiata su un quadrato bianco, unisce felicemente.

Ma non è tutto. Il Canada cambia persino inno! Abbandona il "God Save the Queen" per adottare una vecchia canzone canadese. *The Maple Leaf Forever* era una tradizionale ballata patriottica composta da Alexander Muir nell'ottobre del 1867, ossia al sorgere della Confederazione canadese.

Musicista, poeta, soldato e persino preside scolastico, Muir era emigrato in Canada da Lesmahagow, un povero paesino scozzese di tremila gaeliche anime; da bimbo treenne dai capelli rossi in viaggio verso l'ignoto a indomito combattente della battaglia di Ridgeway trascorrono trentadue anni. Lo scontro, piuttosto cruento, ha luogo il 2 giugno del 1866 in un villaggio dell'attuale Ontario presso Fort Erie e vede fronteggiarsi un battaglione canadese contro un agguerrito manipolo di invasori americo-irlandesi. Quasi ad anticipare il comico esito della nostra Terza Guerra di Indipendenza, allorché tra il 20 giugno e il 12 agosto del 1866 perdiamo due battaglie su due (a Custoza e a Lissa) ma vinciamo la guerra per via di accordi prescritti (ci spetterà il Veneto)… a Ridgeway entrambi gli schieramenti rientrano alle rispettive linee convinti di avere sconfitto il nemico, certezza che probabilmente matura anche nel candido animo di Alexander Muir, tanto da ispirargli, di lì a qualche mese, la storica ballata:

In un tempo passato,
dalle coste della Gran Bretagna
giunse Wolfe, l'eroe intrepido,
e piantò la salda bandiera della Britannia
sulla bella terra del Canada.
Possa essa, nostro vanto, nostro onore,
ondeggiare qui,
e il cardo, il trifoglio, la rosa,

uniti insieme nell'amore, intrecciare
la foglia d'acero per sempre!

Dio salvi la Regina e il Cielo benedica
la foglia d'acero per sempre!
A Queenston Heights e Lundy's Lane,
i nostri coraggiosi fratelli, fianco a fianco,
per la libertà, le loro case e i loro cari,
rimasero saldi e morirono nobilmente.
E noi giuriamo che mai cederemo
quei cari diritti che essi hanno difeso!
La nostra parola d'ordine sarà
"La foglia d'acero per sempre!"

Ormai il nostro Dominion s'estende
da Cape Race a Nootka Sound;
la pace sia sempre una nostra proprietà
e un'abbondante scorta:
e quei vincoli d'amore,
che la discordia non può separare,
siano nostri, e prosperi rigogliosa
sopra la patria della libertà
la foglia d'acero per sempre!

Possa il Cielo sorridere dolcemente
sulla bella Inghilterra, terra famosa e lontana,
Dio benedica sempre la vecchia Scozia
e l'Irlanda, isola color smeraldo!
E il canto aumenti in forza e in lunghezza
finché le rocce e la selva non tremeranno!
Dio salvi la Regina e il Cielo benedica
la foglia d'acero per sempre!

Sarebbe persino un eufemismo considerarlo un testo an-
glofilo. Ben presto *The maple Leaf forever* sarà assimilato
a una vulgata di narrativa nazionalista che sin da allora cercava di presentare una comunità immaginata che quasi in
nulla aderiva a un piano di realtà. Da qui in poi si sviluppa
un fiorente dibattito: da un lato vi contribuisce Tim Stanley

riferendosi alla cosiddetta "grande narrativa", ossia all'uso di una fuorviante strategia di approccio storico; dall'altro prende posizione un accademico emerito, quel Jack Lawrence Granatstein che darà alle stampe un pamphlet assolutamente provocatorio: nel suo *Who Killed Canadian History?* egli infatti confessa il suo personale allarme circa la crescente ignoranza studentesca in materia di storia, di cui incolpa un'intera generazione di *"social Historians"*. Di conseguenza e nonostante ciò – a seconda dei punti di vista – il brano epico di Alexander Muir risulterà molto popolare e amato dalle comunità anglofone, tanto da essere utilizzato a mo' di inno nazionale in occasioni non ufficiali. Ciò fino alla consacrazione voluta da Pearson, che però durerà poco più del color rosso alle Cameron Creek.

Nel 1980 è infatti il governo del rientrante Pierre Trudeau a chiudere l'interim di *Maple Leaf forever* e a preferirgli *O Canada*, una canzone bilingue composta da Calixte Lavallée e scritta in tempi diversi da Adolphe Basil Routhier e da Robert Stanley Weir. A riprova del fatto che un'era nuova sta aprendosi, alle due versioni se ne aggiungerà una terza, in inuktitut.

Così recita qualche strofa in inglese...

> O Canada!
> Our home and native land!
> True patriot love in all of us command.
> With glowing hearts we see thee rise,
> The True North strong and free!
> From far and wide,
> O Canada, we stand on guard for thee.
> God keep our land glorious and free!
> O Canada, we stand on guard for thee.

Così fa eco il testo in francese.

Sous l'oeil de Dieu, près du fleuve géant,
Le Canadien grandit en espérant.
Il est né d'une race fière,
Béni fut son berceau.

Le ciel a marqué sa carrière
Dans ce monde nouveau.
Toujours guidé par sa lumière,
Il gardera l'honneur de son drapeau,
Il gardera l'honneur de son drapeau.

Così è dato leggere in inuktitut:

ᓇᖕᒥᓂ ᓄᓇᕗᑦ!
ᐱᖅᑯᓯᑏ ᓇᓚᖦᑎᐊᖅᐸᕗᑦ.
ᐊᖏᒡᓚᕙᓪᓚᐊᔪᑎ,
ᓴᙱᔪᑐᑎᑦᑐ.
ᓇᖏᖅᐳᒍ, ᐆ ᑲᓇᑕ,
ᒥᐊᓂᕆᑉᓗᑎ.
ᐆ ᑲᓇᑕ! ᓄᓇᔅᓯᐊ!
ᓇᖏᖅᐳᒍ ᒥᐊᓂᕆᑉᓗᑎ,
ᐆ ᑲᓇᑕ, ᓴᓚᒋᔭᐅᖁᓇ!

Non penso si tratti di versetti superflui. Non soltanto un inno rappresenta il libretto perpetuo di una nazione intera (e al Canada un inno occorreva come il pane) ma anche, a frugare tra le sue curiose origini, il termine deriverebbe dal greco *Yphnos*, *yphào* (in italiano: *tessuto, tessere*), in questo caso a sottolineare un materiale di parole e di note capace di aggregare una umanità composita che abitava sotto il medesimo cielo.

Durante il suo ministero alla Giustizia, con Lester Peirson Primo Ministro, Pierre Trudeau raccoglie plausi e consensi

per l'impegno a depenalizzare l'omosessualità e a legaliz-
zare il divorzio, progressi che, se oggi vengono considerati
"scontati", è proprio perché cinquant'anni orsono qualcuno
li aveva definiti "civili". Una frase dell'allora Ministro illu-
mina perfettamente il senso politico della nuova laicità canadese: "L'État n'a rien à faire dans les chambres à coucher!"
Restando in lingua: "Chapeau Monsieur le Ministre!"
    La "Legge Omnibus" del 14 maggio 1969 modificava il
diritto penale allora vigente e dava al paese quello scossone
assolutamente necessario a erigere una nazione i cui valori
coincidessero con il presente vissuto dai loro cittadini. Il
titolo di legge sussumeva un'ambizione notevole su diverse
questioni di etica liberale: la sessualità, il matrimonio e la
sicurezza politica e sociale (oltre al divorzio e all'omosessualità, l'aborto, gli armamenti privati, il gioco d'azzardo,
le capacità di intendere e di volere...) e susciterà un preve-
dibile vespaio di polemiche di cui si renderà protagonista
l'opposizione conservatrice presente in Parlamento. Per
citarne uno, il deputato René Matte definirà la questione
"di vita o di morte per il popolo quebecchese". Ma Pierre
Trudeau, a conti fatti, vincerà la sua battaglia di modernità.
    Ciò accadrà in un clima ben diverso da quello che noi ita-
liani siamo costretti a subire pochi anni dopo, in occasione
del referendum per l'abolizione della legge sul divorzio (nota
come "Fortuna-Baslini", dai due firmatari); in quel periodo
gli elettori ascoltano discussioni buie e ottocentesche, se non
polemiche che sembrano ispirate a commediole pruriginose
anni Sessanta. Ma non solo: ci si rende conto che in Italia, a
cogliere l'importanza dei diritti civili, è una sparuta percentuale di liberal-radicali, mentre la maggioranza si compone
di una destra retriva e post-fascista e di una sinistra obbligata
a pensare che il diritto di famiglia sia un vezzo borghese e
comunque indifferente ai bisogni del proletariato. Il 12 e 13

maggio del 1974 diciannove milioni e centrotrentottomila italiani, proletari o borghesi che siano, danno alla classe politica italiana la più grande lezione di maturità e di civiltà che essa mai subirà in tutto il Novecento. Io non votai perché non ero ancora maggiorenne, eppure mantengo ancora il ricordo di quei giorni, degli infiniti battibecchi famigliari, delle strade tappezzate di manifesti e del viso onesto del leader del Partito Radicale del tempo, quel Marco Pannella che, proprio insieme a Pierre Trudeau e a un altro centinaio di personaggi illuminati, tuttora compare nella lista degli storici oppositori alla pena capitale. Tale coabitazione mi fa ripensare a quanto sia stato autentico il pensiero libertario e anti-ideologico di questi due politici quasi coevi ("L'ideologia te la fai tu, con quello che ti capita, anche a caso" disse una volta Pannella). E ogni volta che riattraverso l'Atlantico e nuovamente mi trovo in Canada, non manco di invidiargli bonariamente il fortunato destino di essere stato guidato, lungo un tratto decisivo della sua storia, da Pierre Trudeau, il cui *start* viene dato in un momento topico del XX secolo.

Egli è infatti nominato leader del "Liberal Party" il 20 aprile del 1968. In quei giorni in Francia ci sono 10 milioni di persone in sciopero; in quei giorni il Festival di Cannes viene di fatto annullato a seguito di una protesta guidata, non già da qualche studentello capellone ma da François Truffaut, da Jean-Luc Godard, da Louis Malle e da Roman Polanski. In quei giorni insomma sta mutando l'intera società occidentale; a prescindere da quel che conseguirà, questo sommovimento epocale annuncia l'estendersi di un irrefrenabile desiderio collettivo. Ebbene in una nazione del mondo non comunista ciò viene colto in perfetta sincronia con gli eventi. È infatti in Canada che le giovani leve di un partito a componente tradizionale e conservatrice colgono appieno l'opportunità di un'imperdibile svolta generazionale, quella svolta che ben sottolinea John English nella sua ponderosa biografia – *Citizen of the world* – da cui emerge, nella persona di Trudeau, una sorta di figura mitologica capace di rendere viva ciò che Carl Gustav Jung aveva definito "der Verstand unter dem Verstand", la "Mente sotto la Mente"; ossia, nel caso specifico, il riaffiorare di una comune identità nell'animo canadese.

Cavalcando l'onda di un entusiasmo collettivo di tale potenza da sconfinare in una vera e propria *trudeaumania*, il candidato liberale stravince le elezioni federali del 25 giugno 1968. Per comprendere la portata del successo, i liberali ottengono il 45,37% dei consensi, pari a 154 seggi su 264. Da questo plebiscito, naturalmente, esce un governo molto forte, in grado di rilanciare il riformismo dell'Esecutivo Pearson. E così, da un lato sarà difeso il servizio sanitario pubblico, dall'altro verrà largamente implementato il bilinguismo, applicato a ogni settore istituzionale; da una parte non sarà minimamente messa in discussione l'appartenenza canadese alla Nato, dall'altra verrà organizzata e compiuta una prestigiosa visita di Stato a Pechino – ad anticipare quella, assai più enfatizzata, di Richard Nixon – e saranno mantenute, del tutto controcorrente, le relazioni diplomatiche con la Cuba di Fidel Castro. Su tutto però, nel 1982, viene definito il cosiddetto "rimpatrio" della Costituzione del Canada e con esso la "Carta dei Diritti e delle Libertà", evento fondamentale che attesta l'indipendenza politica dal Regno Unito. Certamente gli anni dei governi Trudeau saranno segnati da un'incertezza economica dovuta alla crisi petrolifera (ne nasce l'industria petrolifera pubblica), sicché l'iniziale innamoramento tra i canadesi e il loro leader andrà perdendo ogni traccia di passione; tuttavia nel 1972 Trudeau riesce a formare un governo di minoranza con il sostegno dei neo-democratici di David Lewis, la cui preten-

ziosità porterà alla crisi di quell'esecutivo in soli due anni.
Ciò nonostante nel 1974 Trudeau realizza il suo capolavoro
politico, riconquistando la maggioranza assoluta dei seggi
che gli permetterà di guidare il Paese per cinque anni ancora, e poi per altri quattro, esaurita la breve parentesi del
"Progressive Conservative Party" di Joe Clark, rimandato
all'opposizione con le elezioni del 1980.

La questione non risiede puramente nei numeri, bensì
nell'incredibile parabola di un politico rispettato e amato
ben più di ogni altro in qualsiasi paese democratico d'occidente. Pierre Trudeau rimane a capo di una nazione libera e avanzata per quindici anni quasi ininterrotti, vincen-
do quattro elezioni su cinque, esercitando un potere più
lungo e meno contrastato di quello di Charles De Gaulle,
per citare un caso esemplare, il quale dopo undici anni
di governo e il tragico errore della guerra d'Algeria, sarà
accompagnato alla porta da un elettorato esausto dei suoi
continui richiami all'unità e all'ordine. Ecco, quell'atmosfera tutta francese di "colpo di stato permanente" – come
l'avrebbe definita François Mitterrand – in Canada non si
respirerà mai, sebbene i drammatici eventi del 1970 met-
teranno a rischio la fermezza garantista e decisionista di
Pierre Trudeau...

La chiameranno "Crisi di Ottobre", in realtà i suoi echi
si erano avvertiti sette anni prima. È infatti nel febbraio del
1963 che nasce il "Front de Libération du Québec", da un'i-
dea di tre attivisti vicini al marxismo-leninismo. Il primo,
Georges Schoeters, ha fatto la Resistenza in Belgio e combattuto a fianco degli algerini durante la guerra di liberazione; il secondo, Raymond Villeneuve, ha gia militato in
"Azione Socialista" ed è stato condannato per l'omicidio di
un agente di polizia; il terzo, Gabriel Hudon, presenta una
militanza piuttosto controversa, tra scritti ideologici, nove

attentati in sequenza, anni di prigione e un arresto per spaccio di cocaina a Montréal, Bd. Saint Laurent, nel 1998. I biglietti da visita dei tre agitatori rendono l'idea della serietà e del pericolo dei loro propositi insurrezionali. L'FLQ si forma per ottenere la separazione e l'indipendenza del Québec e a questo scopo pone in essere almeno centocinquanta azioni terroristiche, tra rapine a istituti bancari, attentati dinamitardi e scontri a fuoco con la polizia federale. Il 13 febbraio del 1969 una bomba esplode nei locali della borsa valori di Montréal causando numerosi feriti. Il "Journal de Montréal"titola "SUPER-BOMBE DANS L'ÉDIFICE DE LA BOURSE! 27 BLESSÉS!" e così commenta: "Une super-bombe terroriste ébranle la place Victoria, fait 27 blessés et cause plus d'un milion de dégâts". L'ordigno scoppia prima delle quindici, nel pieno delle contrattazioni. Il primo ministro del Québec, Jean-Jacques Bertrand, dichiara con durezza che nessuno sforzo delle autorità sarà lesinato finché l'ultimo degli anarchici a piede libero non sarà catturato. La città vive sotto choc e in stato d'assedio. Dopo tre settimane di blocchi e di perquisizioni, la polizia trova in un appartamento di rue Saint-Dominique una vera e propria santabarbara. Vi abita Pierre-Paul Geoffroy, studente del Collége "Sainte-Marie". Messo alle strette confessa ma non fa neanche mezzo nome dei suoi complici. Viene condannato all'ergastolo e si fa dodici anni di galera prima che gli concedano la condizionale. Per i *Felquistes* è un brutto colpo ma la loro rabbia non tarda a manifestarsi.

Il 5 ottobre del '70 è una data che segna una coincidenza impressionante tra la storia italiana e quella canadese. Già, perché a Genova un nucleo armato comunista denominato "Gruppo XXII Ottobre" rapisce l'imprenditore Sergio Gadolla e ottiene duecento milioni per la sua liberazione. È la prima azione terroristica delle famigerate "Brigate Rosse".

In quello stesso giorno, a 3841 miglia di distanza, una cellula del"Front de Libération" rapisce James Cross, un diplomatico inglese che sta uscendo dalla propria abitazione di Montréal per recarsi a lavoro.per il suo rilascio, il Fronte pretende che la CDC legga alla nazione il manifesto politico rivendicante l'azione compiuta, nonché la scarcerazione di alcuni militanti. La prima pretesa viene esaudita il giorno seguente. Con voce stentorea, un giornalista del più importante canale televisivo del Canada legge in francese e in inglese quanto segue:

> Il Fronte di liberazione del Québec non è né il Messia né un Robin Hood dei tempi moderni. Esso è un raggruppamento di lavoratori quebecchesi, decisi a tutto affinché il popolo del Québec prenda il destino nelle proprie mani. Il Fronte di Liberazione del Québec esige l'indipendenza totale dei quebecchesi.

Com'era intuibile, la lettura del comunicato aumenta la simpatia popolare verso i rivoltosi, che a quel punto rilanciano: Il 10 ottobre la "cellula Chénier" del FLQ rapisce il vice-premier della provincia del Québec. Pierre Laporte si trova nel giardino di casa e sta giocando a palla coi suoi bambini. Il giorno dopo un'accorata lettera del rapito viene recapitata al primo ministro quebecchese Robert Bourassa: contiene una seconda ingiunzione di lettura, stavolta dal canale della CBC, il che fa il giornalista Peter Daniel, traducendo in inglese quello che sostanzialmente è un umano appello alla sopravvivenza da parte di una persona in cattività. Di nuovo vi è qualcosa che ci ricorda, per stile e per strategia, le fasi seguenti il sanguinoso rapimento, da parte delle Br, di Aldo Moro, allora Presidente della Democrazia Cristiana. I terroristi si dimostrano anche dei comunicatori e sanno bene quanta potenza derivi dall'occupare a forza i media. Cinquant'anni fa la televisione era la Parola ed entrare in milioni di case rappresentava una vittoria politica.

A quella drammatica situazione Pierre Trudeau reagisce senza esitare, dispiegando le forze militari in Québec, imponendo il "War Measures Act" e di fatto sospendendo il diritto di *Habeas Corpus*. In pratica, legge marziale. Alla polizia è data facoltà di arrestare qualsiasi cittadino ritenuto minimamente sospetto. Per tutta risposta i frontisti rivelano la loro natura di assassini: il 17 ottobre telefonano a una radio e annunciano l'avvenuta esecuzione di Laporte, il cui cadavere si trova adagiato nel bagagliaio di un'automobile. Dinanzi a un atto così spregevole, le forze di sicurezza producono il massimo sforzo possibile per individuare i colpevoli, cosa che accade venti giorni dopo con la cattura e l'immediata incriminazione per rapimento e omicidio di uno dei capi della "Cellula Chénier". Il 3 dicembre James Cross viene rilasciato dopo un fitto negoziato ma il 27 dello stesso mese la partita viene chiusa con le manette agli altri quattro responsabili del crimine. Il finale lascia un po' l'amaro in bocca: ai terroristi viene concesso di riparare a Cuba, ospiti accetti di Fidel Castro, sebbene fiocchino arresti e condanne per numerosi membri di un FLQ messo nelle condizioni di non nuocere ulteriormente.

Non ho elementi per giudicare politicamente i fatti appena ricordati. Immagino e so, per italica esperienza, quali traumi abbiano prodotto gli orrori qui riportati. Per questo ho sempre osservato con la massima umiltà la realtà canadese; a essa non appartengo per nascita, se pure di una specie di adozione io senta di aver goduto. Non sono né un politologo né uno storico. Sono da molti anni avvocato presso un importante studio internazionale, il che mi ha garantito un'esperienza formativa fondamentale e mi ha regalato una buona apertura culturale e professionale. Ma ho attraversato da est a ovest il Canada tante di quelle volte da potermi concedere il privilegio di sentirlo come una seconda casa. E in questa casa, quando ripenso a Pierre Trudeau, mi sento ancor più a mio agio, forse perché sono cresciuto in un paese mai pacificato sul serio, in un paese diviso che in qualche modo mi ha costretto a ragionare e a scegliere secondo la nozione schmittiana di *"amico/nemico"*, che in tante occasioni passate ha illuminato il mio pensiero sull'Italia. Per Carl Schmitt, tra i più eminenti filosofi della politica del Novecento europeo, la categoria del *Politico* rappresenta l'antagonismo più estremo del concetto *amico/nemico*. Il nemico è solo quello pubblico, contro il quale si avverte "l'estremo grado di intensità di un'associazione o di una dissociazione". Il nemico politico è l'altro, lo *straniero, colui che differisce culturalmente*, contro il quale si sviluppa una distinzione permanente che non è detto sfoci in un conflitto aperto ma che certamente sarà causa di una ferita non sanata, di una separazione senza soluzione di continuità. Ed è sulla base di questa mia origine inevitabilmente conflittuale che si è andata rafforzando una sincera ammirazione nei confronti di Pierre Trudeau, perché il suo modo di ragionare e di agire non mi avrebbe mai obbligato a dichiararmi di destra o di sinistra, dell'Inter o del Milan, per il caffé o per il tè… ma mi avrebbe riconciliato nei confronti di un pensiero non convenzionale, non conforme, a partire dal quale una Nazione si crea e si modella ben oltre le diversità politiche, sociali, culturali, linguistiche, religiose che la animano e la arricchiscono. Sì, non ho dubbi, questa mia seconda patria è stata in larga parte quel Canada che Pierre Trudeau ha saputo raccontare.

Non di meno provo sincera ammirazione per gli storici. E ho letto la ponderosa *Storia del Canada* di Luca Codignola e Luigi Bruti Liberati. Un lavoro enorme, il loro, reso ancor più prezioso da quell'ammirevole capacità di sintesi che nell'intero volume assurge a metodo di narrazione storica. E così vale per il loro capitolo dedicato a Trudeau, il cui titolo sottolinea in forma di domanda un tema politicamente ineludibile: era "un Canada unito" quello lasciato da Trudeau? Per i due autori permangono forti dubbi in proposito, sebbene da lettore nutra qualche perplessità sull'impostazione critica del problema. Viene ad esempio rimproverato al premier di aver fatto calare dall'alto l'*Official Languages Act* del 1969. In parte è vero ma se l'alternativa fosse stata quella di lavorare sulle *due solitudini* evocate da Hugh MacLennan con riferimento all'incomunicabilità tra la cultura anglofona e quella francofona", penso che il programma bilinguista canadese sarebbe ancor oggi fermo alla lettera A dell'alfabeto politico in vista di una sua definizione non prima, per essere ottimisti, di qualche decennio. Perché un grande politico esercita la sua abilità di mediazione e spende i suoi talenti nel campo aperto delle attese e delle delusioni, così edificando un'idea a venire, un'utopia. D'altronde il termine utopia proprio questo significa: l'esser di nessun luogo, e in questo caso l'aver dimorato tra le due solitudini a cui accennava lo scrittore di *Glace Bay*.

La grandezza di Pierre Trudeau è stata proprio quella di scrivere la prima pagina di un libro mai iniziato, e di scriverla in una lingua del tutto rinnovata, francese e inglese allo stesso tempo.

"When the history of our times is written, Pierre Trudeau will be acknowledged as the greatest public figure that Canada produced in the second half of the 20th century. This will not be in recognition of his accomplishments at home, which were considerable, or of his achievements on the international stage, which weren't. It will be because he did what no politician before or since has done: he touched the dreams of an entire generation of Canadians. He made them excited about politics and public affairs. He caused them to believe they could actually change the country and even the world. He inspired them to get personally involved."

Il coccodrillo, del 9 ottobre 2000, fu di Geoffrey Stevens; lo sottoscrivo.

3
GREYHOUND

"All across the nation
Such a strange vibration
People in motion
There's a whole generation
With a new explanation
People in motion
People in motion..."

Tra le righe di un *refrain* si racconta una storia importante. Già, perché i pochi versi di cui sopra sono il cuore di una canzone che segna il principio di un'epoca nuova. Era stato Lou Adler a metterci su dei dollari e a finanziare quella piccola impresa; poi ci aveva pensato John Philips dei "Mamas and Papas" a produrla. Quanto all'interprete, in cinque minuti i due si erano messi d'accordo sul nome di Scott McKenzie. Gliel'andarono a domandare e quello accettò di buongrado la proposta di quei vecchi amici. Tutto immaginava tranne che diventare, di lì a poco, uno dei *singer* più celebri della Terra. Con ciò non voglio banalmente riferirmi alle milioni di copie che il 45 giri di *San Francisco* avrebbe venduto in tutto il mondo ma al senso evocativo e immaginifico che il testo di Philips avrebbe assunto per intere generazioni di americani e di europei.

A una di quelle generazioni appartenevo anch'io.

Eppure la canzone era nata non solo per esprimere un ideale purissimo ma anche per promuovere un festival che Lou e John stavano organizzando per l'inizio dell'estate 1967. Centotrenta miglia a sud di San Francisco, Monterey era un paesino adagiato su una omonima penisola e sino ad allora era stato teatro di una storica battaglia (nel 1846, durante la guerra messicano-americana), nonché set della seconda serie televisiva di "Disney Zorro", datata 1957. Con quelle premesse, ambientarvi una kermesse di musica giovanile poteva sembrare una pazzia, perché un flop era più che probabile. Ma ai produttori balenò l'idea di ampliare smisuratamente il significato dell'evento, presentandolo attraverso una canzone che suonava con la forza di un volantino politico, di una mobilitazione, di un pacifico esercito in marcia. Gli esiti di quella sfida sono noti, immagino, a tutti i lettori e di sicuro ai "diversamente giovani". Tra il 16 e il 18 giugno al "Monterey Pop Festival" convengono oltre duecentomila ragazzi che insieme danno vita alla prima azione hippie della storia, con ciò mutando da così a così comportamenti, mode, linguaggi e visioni universali. Insomma, dopo quel festival il mondo non sarà più lo stesso. Oggi una ristampa autografata del manifesto disegnato per l'occasione da Tom Wilkes, vale come minimo 800 dollari! L'immagine ritrae un mezzobusto femminile dal volto per metà indiano e per l'altra afro-americano, lo sguardo ribelle e, su sfondo nero-verde, un nudo velato da una specie di indumento sacro. La scaletta del festival includeva Simon & Garfunkel, Janis Joplin, Steve Miller, i Byrds, Otis Redding, i Jefferson Airplane, i Grateful Dead, gli Who, i Mamas & Papas e Jimi Hendrix. Rende l'idea?

Con un senso di autocommiserazione ricordo che quattro mesi prima il festival di Sanremo era stato vinto da Claudio Villa con il brano *Non pensare a me*. Quell'edizione sarà ricordata per il suicidio del bravo cantautore Luigi Tenco, che tragicamente sul serio aveva preso una competizione canora italiana in cui gli introiti delle case discografiche prevalevano su tutto...

Invece a Monterey tutti suonano gratuitamente e l'incasso (assistere costa un dollaro a persona) viene interamente devoluto in beneficenza. "Il momento più clamoroso – ricorderà quarant'anni dopo Glenys Roberts – fu quando Janis Joplin, scolando una bottiglia di Bourbon, prese ad agitarsi nel suo miniabito color carne come in preda di una folle passione erotica. Sarebbe diventata, quella, un'immagine inquietante; d'altronde, fino al giugno del 1967, quando Janis apparve al 'Monterey International Pop Festival' in California, nessuno aveva mai visto niente di tanto provocatorio."

Ripenso frequentemente al mio primo viaggio nel continente americano, non solo per la sua iniziazione ma anche per i motivi profondi che mi avevano persuaso a "tradire" le vacanziere abitudini del mio gruppo di cari amici. A loro volevo molto bene ma in fondo sentivo che eravamo dei giovani un po' conformisti, destinati a sacrificare le passioni e i talenti che pure condividevamo in nome di un'esistenza frenata, devota alla famiglia e a una professione che ci avrebbe obbligati a una serie di consuetudini e di regole. Questa resa alla convenzione era una sorta di parodia, giacché la "corte" a cui ambivamo ad accedere non c'era nemmeno più. Tutto appariva come un esercizio di compiacimento nei confronti di un sistema non ancora ben regolato. Forse eravamo i primi frequentatori di una media borghesia disorientata, figlia di quella generazione di costruttori di futuro che aveva lavorato dando del tu agli eredi del dissesto nazionale. Ben sapevo che, esercitando la professione legale, che molto amavo, pure io avrei pagato lo scotto di alcune frequentazioni un po' noiose ma ciò non significava togliermi anche il piacere di scoperte e di esperienze mie. Non volevo più rinunciare a un desiderio che avvertivo fortissimo: quello di staccarmi dall'ambiente professionale e produttivo per almeno un mese all'anno e di entrare con tutto me stesso in una dimensione che aderisse appieno alla mia emotività...

Sì! Avevo bisogno di seguire il mio passo. E nella primavera del 1977 trasformai tale attesa salvifica in un piccolo progetto: avrei lasciato gli amici sulle spiagge del litorale laziale per organizzare il mio primo viaggio attraverso l'America. Volevo affrontare a viso aperto le contraddizioni di chi, come me, poteva amare gli Stati Uniti fino a un certo punto, perché in quell'immensa Nazione dimoravano infinite differenze, perché laggiù si poteva trovare tutto e il suo contrario, senza che necessariamente tale ibridazione portasse con sé un conflitto. Con la maturità avrei compreso che gli Stati Uniti d'America non erano un paese per semplici di spirito e che, solo per affacciarmi a quella parte del mondo e averne una visione verosimile, serviva abbandonare i pregiudizi europei, di un Continente che forse per questo ancora chiamiamo *Vecchio*, per il moralismo e per il manicheismo che alzano barriere contro il libero pensiero. Provenivo da una famiglia conservatrice, non diversa da tante altre, per la quale il comunismo era uno spettro vero e non una frase retorica. Noi vivevamo una paura che non aveva ragione di esistere se non per farci vivere con il freno tirato. Era quasi tutto finto, giacché l'Italia non sarebbe in nessun caso passata dalla parte sbagliata della cortina di ferro. Eppure milioni di ragazzi della mia età agitavano quello spettro come una gioiosa promessa di felicità; eppure una sparuta minoranza di essi vi opponeva, invece di una risata, un blocco austero e durissimo che sembrava obbligarci a una seriosità da quarantenni. Era davvero un fenomeno bizzarro. Entrambe le fazioni apparivano come impedite ad apprezzare e a godere di quella parte più amabile e più stimevole dell'America: la terra coraggiosa, ribelle, giovanissima e senza frontiere che si apriva come il migliore orizzonte possibile ai nostri sguardi e ai nostri piccoli sogni. E così i giovani comunisti italiani si sentivano in dovere di esprimere la loro riprovazione nei riguardi del capitalismo e dell'imperialismo americani, a ciò contrapponendo alcune sparute isole "felici" del comunismo mondiale. A parte che la storia, una ad una, rivelerà essere, quelle presunte oasi di socialismo dal volto umano, altrettanti recinti di privazioni e di soprusi, quei ragazzi tanto gravati dal peso di dottrine irrealizzabili non riuscivano nemmeno a volare di un metro, sospinti dai grandi annunci e dalle parole di libertà che proprio da oltreoceano giungevano loro. Tutti insieme avremmo potuto cogliere quei segnali di modernità, dal nuovo cinema di Scorsese, di Peckimpah e di Altman al rock psichedelico e alla *west-coast music*; dall'arte contemporanea alla moda, da Andy Warhol a Roy Halston e a Keith Haring, fin dentro ai conflitti tra politica e giornalismo che nel 1972 arriveranno a uno scontro epocale.

Vorrei ricordare quei fatti per quanto essi scossero la mia immaginazione di ragazzino a caccia di eroi e di emozioni. Ebbene, in una notte di metà giugno del 1972 una guardia di sicurezza che lavora nel complesso di uffici del Watergate Hotel a Washington, nota un nastro adesivo piazzato tra la porta d'ingresso e le scale dell'edificio in modo da mantenere una porta socchiusa. Sospettoso contatta la polizia, che irrompe giusto in tempo per arrestare Bernard Barker, Virgilio González, Eugenio Martínez, James W. McCord jr. e Frank Sturgis. L'accusa è di effrazione nel quartier generale del Comitato Nazionale del Partito Democratico, che allora è ospitato al sesto piano del Watergate Hotel, dove si stanno organizzando la campagna e la raccolta fondi per le elezioni presidenziali. Ben presto risulta che quei medesimi uomini erano già entrati là, senza bussare, tre settimane prima, per riparare alcune microspie telefoniche. Su un bloc-notes di McCord jr (che era a capo della sicurezza del "Creep", il comitato per la rielezione del presidente repubblicano Nixon) viene trovato un contatto telefonico con Howard Hunt, uomo della Casa Bianca. Sin dalle prime indagini appare assai probabile che l'episodio del Watergate rientri in un vasto piano di spionaggio e di sabotaggio delle attività elettorali del Partito Democratico. Si tratterebbe di una strategia proposta da un certo Gordon Liddy all'ex ministro della Giustizia John Newton Mitchell. Questi, nella primavera del 1972 dà il suo benestare all'operazione, detta *Gemstone*. Il grave inciampo del Watergate avviene appena tre mesi dopo, e a questo Mitchell reagisce in modo scomposto, proponendo di contattare il guardasigilli americano Richard Gordon Kleindienst al fine di ostacolare il corso delle indagini. Una richiesta folle e irricevibile. È a quel punto che Ron Ziegler, addetto stampa del presidente Nixon, minimizza la storia nei termini di un "furtarello di terz'ordine". All'inizio l'opinione pubblica crede all'estraneità di Nixon all'affare; tutto si sgonfierebbe se non entrassero in scena due giornalisti del "Washington Post", Bob Woodward e Carl Bernstein, i quali, avvalendosi di un informatore di primo piano – alias "Deep Throath" – tengono alta l'attenzione generale; con abile uso di successive gocce cinesi, Carl e Bob innervosiscono a tal punto il presidente da indurlo all'errore fatale, che si compie il 23 giugno seguente, quando egli viene intercettato mentre discute con Bob Haldeman, suo capo di Gabinetto, circa il modo migliore per ostacolare le indagini. È lo *Smoking Gun* che obbligherà Richard Milhous Nixon, trentasettesimo presidente degli Stati Uniti d'America, a dimettersi con ignominia. Ed è alla "State University of New York" che ascolterò in conferenza Bob Woodward e Carl Bernstein. Ero ad Albany da qualche giorno e questa coincidenza mi emozionerà molto. A ripensarli oggi, Bob e Carl sono due ultrasettantenni pieni di gloria, il primo a impersonare l'americano liberal, il secondo a rappresentare il grande amatore, spesso al centro di scandali con delle inavvicinabili signore del jet-set. Vite lontane dalla mia, tutta da fantasticare e costruire. Penso che a ciascuno di noi spettino due date di nascita. La mia prima, d'accordo, è il 14 aprile 1957, ma la mia seconda, diamine, è oggi, che è il 19 luglio 1977 e sto andando in bus dal JFK a Albany, dove mi aspettano i Doody. In quella casa abitano nove persone. Il padre si chiama Murray e in famiglia conta come un reduce del Pacifico, sua moglie è Marion e cerca di insegnarmi dei rudimenti di inglese giocando a Scarabeo; i loro figli sono così tanti che allora non ne ricordavo mai i nomi: Leo, Steve, Peter, John, Kevin, George e Mary… Ebbi l'impressione che ciascuno andasse per la sua strada e io legai con Peter, che faceva il meccanico. I primi giorni di un ragazzo italiano in America sono un po' confusi. Il luogo ti intimorisce, ci arrivi con una sensazione di ignoto che ti sovrasta. Per fortuna basta una settimana per capire che il tasso di delinquenza, non dico di Kamagasaki ma anche di Secondigliano è infinitamente più alto di North Pine Ave., con le sue casette e i suoi praticelli. Dacché mi decido a non accontentarmi di una residenza protetta in una cittadina dello stato di New York. Voglio che un sogno non resti un sogno ma servono dollari, allora mi do da fare in un grande magazzino di libri che necessita di una sistemazione e racimolo l'indispensabile per acquistare

il mitico Ameripass Greyhound! Con 225 $ potrò girare un
mese in lungo e in largo per gli States!

Da Albany a Chicago una ventina di ore, sento l'aria
dell'Ontario che soffia da nord e giungo all'alba, passeggio
per ore con una cartina in mano, finché non arrivo all'Holy-
day Jones Hostel, accanto a Wicker Park. Una notte e via.
Riparto che è un mattino molto umido, saranno 35 gradi,
il bus taglia in due l'Iowa, e intanto mi chiedo perché Des
Moines si chiami così. Durante i viaggi in solitaria le curiosità sono monete ben spese, per cui mi concedo una sosta
di sei ore e vado a scartabellare tra i volumi della biblioteca
universitaria dedicati alla città. E scopro che ancora non si
sa bene quale sia l'origine di quel nome. Tre le ipotesi: la
prima, che esso facesse un po' il verso al fiume dei Moingo-
nas, una tribù indiana di zona collegata alla cultura dei *bu-
rial mounds* (ovvero stanziati su colline innalzate sulla terra
dei morti); la seconda, che si trattasse di un francesismo in
omaggio ai monaci trappisti che, nel Settecento, erano vissuti nelle capanne sulle sponde del Raccoon River; terza e
ultima, che Des Moines si dovesse a un esercizio di francesismo, a indicare un corso d'acqua *de moyen* fra il Missouri
e il Mississippi. Ancor oggi non ho sciolto i miei dubbi…
Giunto a Omaha, all'improvviso, mi sento in un luogo fami-
liare. La storia di quella città del Nebraska – *where the West
begins* – me la rende prossima al caos ottocentesco di italica
memoria, luogo di lotte e di mischiamenti, dove approdavano italiani, cechi, greci ed ebrei, e frequenti erano gli scontri
razziali, e assai praticati i bordelli e le bische *downtown*.

Il tornado del 1913 sarà così devastante da assomigliare
a una pagina di letteratura. È la domenica di Pasqua. Alle
sei del mattino, dopo aver vagato nella campagna circostante, la tromba d'aria piomba su Dewey Avenue larga com'è,
cinque isolati. Le case di Farnam Hill vengono tagliate di

netto, il cinema Diamond si schianta sugli spettatori, alcuni tram meno uno – guidato da un certo Ord Hensley sulla 24esima Strada – volano via. I morti sono quasi duecento, le case distrutte duemila. Omaha muore la prima volta quel mattino del 23 marzo. Ma quando ci arrivo io, mi si apre come una città vivacissima, dove spendo qualche ora senza perdermi un solo battito di ciglia. E ogni volta riparto. La tappa fino a Salt Lake è lunga. Mille e ottocento chilometri luminosi e faticosi. Mi serve una mezz'oretta per ricuperare il tono muscolare, e mi reco al "Salt Lake Temple", il più grande tempio mormone del mondo. Quei fedeli erano in cerca di un luogo dove vivere e praticare in santa pace. "That's the place!", sentenziò Brigham Young il 24 luglio 1847. Occorreranno quarant'anni per erigere un tempio che rimarrà nella storia. Ma come spesso fanno gli adepti di una religione qualsiasi, anche i mormoni tentano la via del proselitismo e proclamano la nascita dello stato di Deseret, iniziativa che il congresso degli Stati Uniti rispedisce al mittente. Le controversie non finiscono qui, giacché la pratica della poligamia sta rendendo un po' difficile la loro integrazione. La "guerra" che segue è senza spargimento di sangue. I mormoni fuggono appena in tempo e alcuni di loro vengono arrestati e condannati. Parecchi anni dopo, con la diffusione di un "Manifesto", anche i mormoni entrano nella grande, tristanzuola famiglia dei monogami, con tutti i problemi annessi e connessi.

Al tempo, per quanto mi riguarda, la poligamia mi incute un semplice terrore matematico. Già avere una donna accanto mi sembra un gran numero... Avevo lasciato l'affollata Doodys' Home per godermi quella sana solitudine che in fondo assomigliava a una confortevole poltrona di bus. Miglia su miglia verso il sud, fin quando appare il cartello di Flagstaff, Arizona, punto di raccolta verso il Grand

Canyon, omonimo dell'ostello ove mi distendo per un paio d'ore. Mi sveglia l'ombra di un compagno di camerata, che mi saluta in un inglese dalle consonanti forti, che mi ricorda il dialogo tra Totò e il generale tedesco "Padate Kolonello! Io ho karta pianka!" Quello si chiama Wolfgang Schwander, è bavarese ed è un po' più grande di me. Scambiamo due chiacchiere e decidiamo di andare insieme verso la gola più famosa dell'universo. Wolfgang ha più esperienza ma io sono capace di assorbirla senza per questo sentirmi in difetto. In fondo sto imparando a viaggiare e quella settimana trascorsa insieme farà bene a entrambi. Mi propone di affittare un'auto e di andare verso la California. Gli rispondo che per me sarebbe magnifico ma che più di 50 dollari non posso metterci. "All right! That's a deal!" Partiamo verso San Diego, che allora non è un teatro di tensioni migratorie, e da lì risaliamo verso San Francisco, che a sua volta non è ancora l'ospedale a cielo aperto che diventerà all'inizio degli Ottanta. Rifletto su quanto il tempo sia stato benevolo con la mia generazione, regalando alla nostra giovinezza i cascami di una vita lieve, in cui gli effetti della droga e della violenza erano ancora marginali, in cui l'ecosistema, l'erranza di popolazioni rese disperate e i virus più letali non avevano intaccato la serenità e la libertà degli uomini. In cui non si viveva di sensi di colpa ereditati da guasti secolari. Con Wolfgang ci dividiamo proprio a San Francisco. Al di là dei convenevoli e delle promesse, sappiamo per certo che si tratta di augurarsi il miglior futuro possibile e di dirsi addio. D'altronde, era stata una bella settimana tra due amici occasionali ed era una parentesi già chiusa alle nostre spalle. La Route numero 5 mi condurrà a Seattle, che non era già la città dei "Nirvana" ma che l'anno dopo, coi suoi "Supersonics" vincerà clamorosamente l'NBA in finale contro i "Washington Bullets". A Seattle provo un senso di lieto abbandono. Sono parecchio lontano da Albany e dodicimila chilometri mi separano da casa, eppure desidero vedere altri angoli di mondo. Non voglio semplicemente tornare indietro ma andare avanti per un'altra strada; e succede che dinanzi a me se ne apra una splendida; è quando vengo a sapere che l'Ameripass è valido anche per il Canada! Mi aspetta la Trans-Canada Highway! E prima ancora andare da Seattle a Vancouver. Dopo un paio d'ore, scorgo da lontano il Peace Arch Park. È il mio primo ingresso nella nazione degli aceri. Sentii che quel luogo, assai simile agli Stati Uniti, aveva qualcosa di profondamente diverso, che non ero ancora in grado di cogliere. Vancouver mi fa una strana impressione, direi quasi destinica. Del mio primo sguardo rammento uno splendido orto botanico e un'apertura verso l'orizzonte che mi dà le vertigini. E poi i cinesi, la cui apparizione vale quintali di esotismo ai miei occhi. D'altronde provengo da un paese a migrazione zero.

Non ho molti giorni a disposizione, l'abbonamento sta per esaurirsi e pochi dollari mi sono rimasti in tasca. Da lì a Toronto ci passano cinquemila chilometri, come andare da Milano ad Astana. Monto sul Toronto Express, scelgo una poltrona in ottava fila, lato finestrino, il pullman parte, direzione est. Saranno tre giorni e tre notti di fila ed è proprio questo tour de force a solleticare la mia fantasia. Quando si hanno vent'anni, gli spostamenti disagevoli sono medaglie da appuntarsi al petto, sono storie da raccontare agli amici pigri, sono preoccupazioni da infliggere ai genitori – ansiosi o indifferenti che siano, una ragione per "punirli" si troverà sempre… Il tragitto viene ogni tanto inframezzato dai cambi di autista o di mezzo. Il sonno vince la curiosità di afferrare ogni remota linea della mia visuale. L'universo intero scorre nel rettangolo che mi sono riservato. Poco prima di Calgary, è pomeriggio, una frenata un po' brusca mi

risveglia. Il bus è giunto allo stop cittadino. Dal finestrino
vedo una ragazza in attesa dell'autista. Con sé reca uno zai-
no piuttosto voluminoso da depositare nella stiva. L'autista
le si avvicina e la aiuta. Dall'alto osservo quella piccola
scena, contento che una nuova compagna di viaggio si aggiunga alla mia ventura. Ovviamente fantastico sull'ipotesi
del tutto fortuita che ella si accomodi proprio accanto a me,
visto che la poltrona lato corridoio è vacante. Non ho più
del dieci percento di possibilità. Ed è così che lei appare in
tutta la sua figura intera, dando le spalle all'enorme parabrezza, e iniziando a incedere tra le file dei posti al centro
della comune attenzione e della mia soprattutto, che seguo
i suoi passi con la malcelata ansia di uno spettatore dinanzi
alla rincorsa di un rigorista. Guarda a destra, guarda a sinistra, infine sbircia esattamente nella mia direzione e decide.
Mi chiede se il posto sia libero. Una pura formalità. Bal-
betto qualche parola a confermare che quella è la poltrona
più libera del mondo. Vorrei dirle che essa è anche la più
comoda, la più sicura e la più panoramica di tutte le sedute
del pullman. Perché accanto a quella poltrona ci sto seduto
io. Ed eccola, vicina a me. Ed eccoci che ripartiamo. Invi-
diatemi pure, cari compagni di viaggio, oggi a me, domani
a voi. A me che per interi minuti cerco nella mia testa un
argomento adatto a cominciare un dialogo. Non tanto interessante da sembrarle forzato ma nemmeno troppo banale
da sembrarle scemo. Insomma, non ricordo quale *incipit*
scelsi ma di certo, dopo quello, ne vennero altri, indifferen-
temente. Sì perché nei viaggi più disagevoli e avventurosi
ciò che importa sono le differenze. Io sono un italiano, per
di più sono un italiano di Roma. Cioè non mi tocca dire
"I come from Domodossola! Do you know Domodossola?
Have you ever been there? You see, Domodossola is betwe-
en Pizzanco and Druogno, all along the river Toce…" Da

ammazzare di noia qualunque essere umano... No! Io sono
stato fortunato. Posso addirittura omettere la parola Italia e
dire con *non chalance*: "Roma!" E il suo volto si aprirà in
un sorriso da turista incantata. E io lo guarderò da vicino,
quel suo viso di ragazza primaverile, e la sua bocca che
tiene in sé tutti i sospiri e tutte le esclamazioni della nostra
età, quando hai davanti ogni sorpresa a venire e ogni poesia
da leggere. Io avrò, per ore e ore, gli occhi di Diane presso i miei, e la sua guancia sinistra vicina alla mia destra,
e le sue gambe a contatto con le mie. E sopra ogni cosa,
immaginerò occasioni impossibili, vite impensabili, saluti
in aeroporto, vacanze esotiche, avventure, film, discussioni, baci, e qualche litigio e ancora più baci... Questa sarà
Diane per settanta ore filate, e questi siamo noi, che dor-
miamo e vegliamo accanto sulla "Trans-Canada Highway",
nel nostro cantuccio viaggiante dove ci siamo incontrati.
Lei viene da un campeggio in Alberta. Diane... Sapete bene
come accade da ragazzi, quando un nome qualsiasi suona
meraviglioso se ci presenta la donna che ci piace. E cosa
siano il buio che cala e una notte a venire, se l'ottava fila
di un bus diventa il luogo di un comune abbandono... Tra
Calgary e Regina ci stanno quasi 10 ore di tragitto. Alle
11 e 42 pm do un'occhiata all'orologio sul parabrezza perché Diane si è appena addormentata. Ha appena reclinato
il capo sulla mia spalla destra. Io sono incredulo, e resto
immobile. La sola cosa che mi si muove è il cuore. E provo
per la prima volta una compiuta sensazione di avventura.
Non sono più me stesso ma il personaggio di un racconto.
Ancor oggi ho memoria dei nostri dialoghi, del suo vivere
in solitaria, delle otto ore volate come fossero un minuto da
Regina a Winnipeg. Ho il ricordo di quando arriviamo a Toronto, che è mattina inoltrata e Diane mi invita a trascorrere
insieme tre giorni, io dormendo in un ostello e lei in una

classica house inglese nella elegante Hillsdale Ave. West.
È un tempo senza fine, che persino il mio status di turista
povero non oscura di un minimo velo e che invece i nostri
occhi illuminano. E Diane che mi accompagna al confine,
salutarci, voltarmi indietro quasi provando gioia per quel
piccolo dolore, per quel distacco, e a piedi farmela sino a
Buffalo e rientrare ad Albany su un bus che è pieno di gente
e vuoto per me soltanto.

Lo so bene, ogni viaggio ha il suo termine ma quel giorno di settembre in cui rimetto piede a Roma, penso di non
essere tornato da nessuna parte. Penso che il mio viaggio è
appena incominciato.

4
NOUVELLE FRANCE

Ciò che non è chiaro, non è francese.

Antoine de Rivarol

Da dove incominciare? Forse dalla tensione che di anno
in anno aveva surriscaldato "the minds" e "les esprits" fino
allo scoppio della guerra, la prima a essere stata "mondiale", come avrebbe detto Winston Churchill. O dalla fine, e
cioè da quel 13 settembre 1759 che in qualche modo inverte
il giro della ruota del mondo. Per quasi tre mesi i britan-
nici avevano assediato le mura di Québec, ogni tanto con
vaghi attacchi, più spesso ostruendo il passaggio di merci
e di beni. Fino a che, quel maledetto giovedì, ai francesi
apparve chiarissimo che l'esercito nemico aveva condotto
a buon fine un'impresa decisiva. Nella notte tra il 12 e il
13, la fanteria al comando del colonnello William Howe
aveva salito e ridisceso delle scogliere impossibili fino a
raggiungere Plains of Abraham, là dove Québec diventava visibile, attaccabile. Il Marchese Louis-Joseph de Mon-
tcalm-Gozon era un generale che tutto avrebbe desiderato,
nella vita, fuorché far l'eroe per una terra sconosciuta e per
delle genti che gli erano estranee quanto un centimetro di
neve fresca, lui che era nato a Vestric-et-Candac, mite paesello del Var. La sua reazione a quel nuovo stato di cose fu
abbastanza piccata, da nobile che non voleva a nessun costo

credere ai suoi occhi. In fondo il suo monarca gli era abbastanza affine. Inizialmente detto Il Benamato, Luigi XV aveva progressivamente perduto posizioni e consenso. Le ragioni di questa perdita di consenso erano almeno un paio: la prima, che si circondava di spie e diplomatici che ad altro non pensavano se non a tramare; la seconda, che il vizio travolgente del re stava nel collezionare procacissime amanti, sino al prorompere di quella ufficiale (*maîtresse-en-titre*), di nome Jeanne-Antoinette Poisson, di fatto Madame Pompadour, tanto bella, intelligente e colta da dettare piena influenza nei campi della moda, della musica, delle arti e del pensiero. Anche a questo centralismo culturale si dovrà la complessiva negligenza con cui il regno mal governerà i suoi interessi d'oltreoceano. Peraltro il Generale Montcalm si era ben distinto durante la guerra di successione austriaca allorché venne ferito durante l'assedio di Praga e, nel 1744, insignito del titolo di Cavaliere di San Luigi. Trascorsi alcuni anni, egli ormai rifletteva appieno la condizione temporale in cui versava l'assolutismo francese: quella di ostinarsi a non leggere la sua stessa storia a venire, di una fine che implacabilmente avanzava. Alla stessa maniera finse di non reagire il Montcalm; e nella mattinata del 13 settembre chiamò le sue truppe a un folle, inutile attacco frontale contro dei soldati, equivalenti in numero ai francesi ma incomparabilmente meglio schierati sul campo e in grado di attendere che i nemici avanzassero allo scoperto e senza speranza alcuna. Con perfetta risolutezza il generale James Wolfe chiamò il suo solidissimo schieramento di linea a un fuoco di fila che risultò ancor più micidiale della già temibile fermezza britannica. Per la Francia, per il suo regno, per il suo popolo e per la sua lingua, quelle due ore rappresentarono un disastro epocale di proporzioni nemmeno immaginate. Tutto, in quel continente e in quelle terre, fu perduto. Poco importa che entrambi i generali avrebbero, quel giorno esalato insieme il loro ultimo respiro. La verità sarebbe stata scritta non già dai vincitori di quella piccola battaglia ma su una pagina di storia che sarebbe divenuta secolare e non ribaltabile.

Che meraviglia l'etimologia! Dalla fonte di una Parola si risale sempre verso la luce. Il suo significato è un meccanismo in grado di percorrere una gallerieadi ombre, fino all'uscita del senso, fino all'aria aperta. Per tutto questo vorrei pronunciare la parola Québec riportare un brano di Patrick Couture e Sylvio Boudreau intitolato "L'origine du nom Québec", di un nome che nasce nel 1608. "Quanto all'origine e al significato di questo nome – scrivono gli autori – vi sono due possibilità: la prima è che esso provenga dal linguaggio irochese – dalla radice *kebh* più il locativo *ek* ("là dove") – e che ciò voglia dire *"là où le fleuve se rétrécit"* (là dove il fiume si restringe); la seconda è che piuttosto esso derivi da un verbo montanaro: *"kepak"*, che significa *"débarquer"* (sbarcare).

Sarebbe stato l'esploratore Samuel de Champlain ad accogliere l'invito degli autoctoni. All'epoca di Jacques Cartier, nel 1534, là dove oggi si trova Québec Ville, vi era un villaggio irochese denominato Stadaconé. Quel luogo sarebbe stato abbandonato nel 1608 dai nativi, che lasciarono la valle del Saint-Laurent per stabilirsi nella regione dei Grandi Laghi. Ed ecco che dietro una parola, nel mentre risaliamo tra i suoi significati, si affacciano due figure fondamentali.

La prima è quella di Jacques Cartier, colui che Francesco I aveva designato quale sicuro scopritore di terre ricchissime. Fu lui a salpare nel 1534 e a dirigersi verso un passaggio occidentale che lo destinasse in Asia. Fu così che invece approdò a Terranova (a partire dal 10 maggio di quell'anno), e al golfo di San Lorenzo con un secolo e mezzo di ritardo, si disse, rispetto a certi pescatori baschi… Ma Jacques Cartier aveva ben documentato la sua esplorazione, forse omettendo che quel suo obiettivo del passaggio a nord-ovest lo aveva indotto a rapire due figli del capo indiano Donnacona e a deportarli in Europa quali prove viventi della sua impresa. In un viaggio successivo Domagaya e Taignoagny vennero liberati e restituiti al padre. Cartier era salpato con tre navi e un centinaio di uomini, per risalire il Saint-Laurent fino a Stadaconé e a Hochelaga dove troverà approdo il 2 ottobre del 1535. Anche Hochelaga avrebbe presto cambiato nome. E si sarebbe chiamata Montreal.

La seconda figura è quella di Samuel de Champlain; egli è tra coloro che hanno scritto la storia del Canada. Una biografia, la sua, che pare un romanzo compiuto. Né il suo anno di nascita, né la sua religione, si sanno con certezza. Trentenne agli inizi del XVII secolo, fa il cartografo, poi abbandona i disegni su tavola e s'imbarca con lo zio verso i Caraibi. Di certo si ha notizia che nel 1603 tale Aymar de Chaste, monopolista dei commerci con la Nouvelle France, lo persuade a imbarcarsi a Honfleur – nel Calvados – sulla nave "Bonne-Rennommé". In maggio egli giunge a Tadoussac, giusto in tempo per assistere a una festa assai bizzarra, con danzatrici nude e corridori scalmanati. Champlain è uomo curiosissimo, appunta, trascrive, memorizza. E viene a sapere dell'esistenza di un mare salato, a nord, che egli suppone essere asiatico. Risalendo il Saint-Laurent, gli pare che Trois-Rivières si adatti al commercio delle pellicce. Poi naviga verso la Gaspésie (nella lingua micmac *"gespeg"* significa *"finis terrae"*). Non appena in Francia, presenta a Enrico IV una cartografia così aggiornata del Saint-Laurent da valergli un nuovo viaggio. Nel maggio 1604 approda alla baia di Passamaquoddy (dal nome di una tribù indiana) a est della regione di Acadie. Da lì individua una posizione stabile, che denomina Port Royal (la sua dimora è ancor oggi visitata dai turisti). Ma un inverno terribile e una brutta malattia lo persuadono a riparare verso sud. Nel grande nord lo scorbuto – carenza di vitamina C – era un vero flagello: si pensi che nel 1520, durante la circumnavigazione di Ferdinando Magellano, esso aveva causato la morte dell'80% del suo equipaggio... In qualche modo giunge a Cap Blanc (Cape Code). Oggi occorrerebbero sette ore di guida per compiere quel tragitto. Per dare un'idea di chi fosse Samuel de Champlain, alla fine del 1607 l'intera costa nord-orientale sarà da lui mappata con toponimi francesi. Nel giugno dell'anno seguente egli risale il San Lorenzo, approda a Pointe Québec e lì fonda il primo abitato. Mai pago, a metà del 1609 riparte alla scoperta del Pays des Iroquois, popolo contro cui si scontra il 29 luglio. La storia lo riconoscerà colpevole di aver causato molto panico e di aver ucciso due capi. In seguito organizza un proficuo scambio di ostaggi: affida al capo algonchino il giovane Étienne Brûlé con la missione di fargli apprendere la lingua locale; del pari prende con sé l'indiano Savignon, desideroso di conoscere la Francia. Quell'anno Champlain viene a sapere che la tratta delle pellicce è stata rovinosa per gli investitori e che il re è stato assassinato. In questa triste congiuntura Champlain lascia Québec l'8 agosto 1610 e si imbarca per la Francia. Il 27 settembre dello stesso anno è a Honfleur.

In dicembre si promette alla giovanissima Hélène Boullé e ne incassa una dote di 4500 livres tournois (sarà l'unità di conto tra il 1577 e il 1795), utile alle successive imprese. Dopo un periodo di incertezza politica e finanziaria, l'8 ottobre 1612 Louis XIII nomina Charles de Bourbon luogotenente generale, e Champlain suo luogotenente in Québec.

È così che Champlain diviene, di fatto, luogotenente del
viceré; intanto termina di pubblicare i suoi *Voyages*, libri
tuttora reperibili e leggibili al pari delle decine e decine di
biografie dedicate a questo romantico e avventuroso scopritore di mondi nuovi. Primo europeo a descrivere il fiume
Ottawa, a incontrare il grande capo algonchino Tessouat,
a formare una società di mercanti e di mecenati franco-canadesi nella Rouen che già da cinque secoli vantava la cat-
tedrale di Notre-Dame, sfarzoso monumento a cui Monet
avrebbe dedicato un dipinto celeberrimo; la guglia di questa chiesa gotica, di 151 metri, resterà per quattro anni, tra
il 1876 e il 1880, l'edificio più alto del mondo, situato a novecento metri dalla Place du Vieux Marché, dove Giovanna
d'Arco era stata arsa viva il 30 maggio 1431. Dalla cima di
quella guglia la Francia, in qualche modo, estendeva il suo
sguardo verso il nuovo Continente.

Ma torniamo alla società d'affari e di commerci: essa
avrà due nomi: "Compagnie des Marchands de Rouen e
de Saint-Malo" e "Compagnie de Champlain". Gli affari
vanno subito bene, non di meno prosegue il progetto di
evangelizzazione dei territori, tanto che dei religiosi vengono chiamati con frequenza a diffondere la Parola di Dio.
Nell'estate del '15 Champlain arriva ai Pays des Hurons,
area che oggi occupa interamente la penisola di Penetan-
guishene (dalla lingua Ojibwé: *terra di sabbie bianche in
movimento*) e che appartiene all'Ontario, fatto salvo il particolare che un quarto dei suoi abitanti parla ancora francese. Champlain resta ammirato dalla fertilità dei terreni ma
deve sottostare a certe improcrastinabili esigenze coloniali
e improvvisa un suo bizzarro battaglione composto da un
pugno di francesi, dai caotici alleati Hurons e da pochi amici Susquehannahs, questi ultimi, più che guerrieri, agricol-

tori sedentari tradizionalmente accampati in palizzate lungo il fiume omonimo. Tale Armata Brancaleone ci metterà quaranta giorni a localizzare un nemico, il che avverrà nei pressi dell'Oneida, un laghetto, ora statunitense, grande il doppio di Roma. Champlain, che è anche stufo di protrarsi in un mestiere non suo, ordina l'attacco. Risultato: una Caporetto in sedicesimo. La truppa sbanda vistosamente e il loro comandante viene trafitto da due frecce. Infine la mesta ritirata.

Lasciato il pays des Hurons egli ritrova l'amico Gravé Du Pont, che lo credeva morto, presso le cascate Lachine. Rientrato a Québec, si impegna nella costruzione di altri abitati. Intanto la situazione francese si fa molto confusa. Champlain viene a sapere che da dieci giorni Enrico II di Borbone, Principe di Condé, è in stato di arresto! Per comprendere le ragioni di tale evento, bisogna risalire al 1613. Tre anni dopo la morte del Re di Francia, infatti, egli aveva fomentato la rivolta dei principi contro Maria de' Medici, vedova di Enrico IV e reggente per conto del figlio Luigi. I rivoltosi ce l'avevano contro le crescenti imposte e la loro lotta si era conclusa il 15 maggio1614 con l'accordo di Sainte-Menehould, che prevedeva una copertura delle prebende, la sospensione di un'alleanza matrimoniale franco-spagnola e la convocazione degli Stati generali. Ben presto i patti verranno disattesi, Maria de' Medici avrà mano libera e Louis XIII sposerà Anna d'Austria, l'infanta di Spagna. Al riesplodere della collera principesca, il Condé ottiene un nuovo accordo, che stavolta prevede la sua entrata nel Consiglio Reale. Passano soltanto novanta giorni e il 1° settembre lo rinchiudono nel castello di Vincennes. Ce ne vorranno mille, di giorni, per tornare in libertà. L'arresto di Enrico II non toglie a Champlain la luogotenenza e gli consente di sviluppare un progetto così ambizioso da mutare non già la sua vicenda personale ma l'intera storia del Canada. Nel febbraio del 1618 egli scrive un memoriale in duplice copia, la prima finisce nelle mani di Louis XIII il Giusto, la seconda negli uffici della Camera di Commercio. In essa si legge che, attraverso la Nouvelle France si potrà giungere in Cina e nelle Indie orientali, e laggiù reperire infinite ricchezze. Che alla dogana di Québec, da e verso l'Asia, la Francia avrebbe riscosso una grande quantità di dazi; che la fede cristiana si sarebbe vieppiù diffusa tra gli indigeni. Posto ciò, Champlain propone di fondare in terra canadese di Ludovica, una città grande come Saint-Denis, poi di costruire tre forti tra Québec e Tadoussac, e ancora di favorire l'immigrazione di una ventina di frati recolleti, di trecento soldati e di altrettante famiglie di almeno quattro unità. Infine suggerisce che nella terra nuova venga inviato un Consigliere del Re. Quanto ai mercanti francesi, essi non rimangono certo indifferenti dinanzi a quella ponderosa elencazione delle risorse oltreoceaniche: salmoni e merluzzi, aringhe storioni e olio di balena, legname e gomma, cenere catrame e canapa, argento, piombo ferro, pellicce, bestiame e pietre preziose… per non parlare della suggestione di sfruttare un passaggio verso la Cina! Tant'è l'entusiasmo che nel febbraio 1618 la Camera di Commercio domanda al monarca di considerare benevolmente le richieste di Champlain. Louis XIII ordina che si trovi il modo più celebre per accogliere qualche centinaio di nuclei famigliari nella Nouvelle France. Il 24 maggio seguente, a imbarcarsi per Tadoussac insieme al cognato Eustache Boullé, era l'Emissario reale di un grande progetto di colonizzazione. Il suo nome: Samuel de Champlain. Eppure, se gli si affibbiasse l'epiteto di "colonizzatore", non gli si renderebbe giustizia. Egli mostra una specifica attitudine nel dirimere ogni conflitto con saggezza ed equità. Quando è chiamato a giudicare degli indiani Montagnais accusati di avere ucciso due francesi, risolve lo scandalo nel modo più magnanimo. In generale gli preme non inimicarsi i nativi. Ha compreso che il compimento della Nouvelle France dipenderà soprattutto dal grado di armonia tra autoctoni e invasori che riuscirà a realizzare. Eppure gli inizi non sono facili. Champlain deve sconfiggere gli interessi localistici dei singoli parlamenti. Ottenuto dal Re un buon vitalizio (1500 livres), egli fronteggia una campagna di discredito che gli negherà, per un biennio, ogni possibilità di riprendere il mare. Ma la vera svolta avviene nell'ottobre 1619. Nominato viceré, Henri II di Montmorency conferma l'incarico a Champlain e nomina come suo Intendente Sieur Dolu.

La vice-royauté de Nouvelle-France n'est pas simplement liée à l'amirauté par la personne de Montmorency, elle profite de l'expertise administrative et maritime de cette institution, à travers une configuration semblable d'agents personnels et de postes administratifs, tels que celui d'intendant. Montmorency désigne à son tour Champlain comme son lieutenant et lui confère le commandement de Québec, fonctions presque identiques à celles que Champlain avait obtenues sous Condé. Pour la première fois de l'histoire de la colonie, il y a aussi un intendant de la Nouvelle-France, Jean-Jacques Dolu, conseiller du roi et grand audiencier de France. Les responsabilités de Dolu sont définies de façon très large, englobant les " choses concernant les affaires de la Nouvelle-France", y compris le pouvoir de conclure des contrats avec des marchands pour les provisions et marchandises et même de déterminer si la Compagnie de Rouen et Saint Malo devrait conserver ses droits de commerce dans la colonie. Champlain applaudit à la nomination de Dolu, en espérant qu'elle "[mettra] nostre Societé en meilleur estat de bien faire qu'elle n'[a] fait".

Il puntuale commento di Helen Dewar in "Souveraineté dans les colonies, souveraineté en métropole: le rôle de la Nouvelle-France dans la consolidation de l'autorité maritime en France, 1620-1628" sottolinea implicitamente il successo politico di Champlain, la cui prima vita di esploratore termina all'attimo in cui comincia ufficialmente la sua seconda, di amministratore dei territori del Québec. I primi anni saranno difficilissimi, al punto che la nave di Gravé Du Pont sarà assediata da Guillaume de Caën, generale di vascello della Compagnie de Montmorency e della Compagnie de Ventadour, dal 1621 al 1627 autorizzato a commerciare le pellicce in Québec. La colonia era ancora molto instabile. Il 18 agosto 1621 Champlain autorizza un'assemblea degli *habitants*, nel corso della quale si incarica il recolleto Georges Le Baillie di presentare al Re un nuovo memoriale; alle richieste di tre anni addietro si aggiungevano la fondazione di un seminario per gli indiani, una riforma della giustizia e un rafforzamento delle difese militari. Il peso politico di Champlain presso i nativi andava crescendo: influenzava le scelte dei capi, perorava il loro insediamento nelle vicinanze di Québec, li spingeva a coltivare la terra… Infine condusse un negoziato tra irochesi, Huroni e Montagnais. La città si popolava sempre di più, la pace tra le popolazioni era divenuta uno stato quasi permanente. A confermare la crescente stabilità della nuova regione francese, il Cardinale Richelieu la pone, nel 1627, sotto la sua giurisdizione e fonda la "Compagnia dei Cento Associati" di cui Champlain diventa membro. Di fatto è ormai Governatore della Nouvelle France ma la situazione sociale non trae giovamento dalla centralizzazione dei poteri e Quebec, ridotta alla fame, viene assediata dagli inglesi, fino a capitolare. Champlain tratta la resa e cerca di impegnare il sovrano affinché la "sua" città ritorni francese, il che accade con il trattato di Saint-Germain-en-Laye. Champlain rientra a Québec da Governatore il 22 maggio 1633. Per fede mariana fa costruire una cappella in onore della Vergine e mai smette di domandare a Richelieu un vero impegno militare contro gli inglesi. Nel 1635 la sua salute è ormai allo stremo. Muore la notte di Natale. Ad assisterlo il gesuita Charles Lalemant primo Vescovo di Québec e autore di un testo assai enigmatico in tutta la sua acutezza: *La vie cachée de Notre Seigneur Jésus-Christ.*

Quella di Samuel de Champlain era stata un'esistenza dapprima totalmente votata all'avventura, poi destinata a un ideale: quello di battezzare una grande regione che potesse essere difesa e sostenuta con vigore da una Madrepatria fiera di essa. Una regione che si chiamasse Québec.

5
CANADESI

Non si scoprono nuove terre senza essere disposti
a perdere di vista la costa per un lungo periodo.

André Gide

Giovanni Caboto

Una lunga strada costiera collega il comune di Formia
a un piazzale sito nel quartiere medievale di Gaeta. Tanto
il lungomare quanto lo slargo municipale sono intestati al
medesimo nome: Giovanni Caboto. Qui era nato il celebre
navigatore, nel tempo in cui Alfonso V d'Aragona aveva
fatto di Gaeta la base per la conquista del trono di Napoli.
Fu con l'arrivo della dinastia Aragonese che alcuni influenti
personaggi locali, passati in disgrazia, furono costretti ad
abbandonare la cittadina costiera; tra questi Giovanni Caboto, che sarebbe riparato a Venezia nel 1461, diventando-
ne cittadino 15 anni dopo.
Dal matrimonio con Mattea nascono Sebastiano, Luigi e
Santo. La famiglia lo seguirà nei suoi viaggi in Oriente ma
non altrettanto farà Venezia, tanto da indurre il suo valente
lagunare a cercar fortuna e rispetto nella penisola iberica. In
quell'anno di grazia 1493 Cristoforo Colombo rientra dalla
sua prima esplorazione ma i regnanti ne hanno abbastanza

di italiani di ventura. Invece a Caboto è Enrico VII d'Inghilterra a dargli fiducia; egli salpa il 2 maggio del 1497 dal porto di Bristol. Cinquantatré giorni dopo, convinto di aver raggiunto "le Indie", approda a Bonavista, isola di Terranova, che oggi insieme alle Maritime Provinces (New Brunswick, Nuova Scozia e Isola del Principe Edoardo) e a Labrador, forma la regione del Canada Atlantico, compresa fra i golfi di San Lorenzo e del Maine. Così viene scoperto il Canada, da quel primo avvistamento a Capo Bonavista.

Il re e il suo popolo accolgono con grande giubilo l'esploratore italiano, tanto da commissionargli una spedizione ben più ricca: sei navi e duecento uomini di equipaggio. Obiettivo: colonizzare le terre scoperte. Si narra che Bonavista, più vicina a Londra che non a Vancouver, si fosse chiamata così per via di una cabottiana esclamazione all'atto dell'approdo.

Qui è posta una statua in memoria di Giovanni Caboto, qui è un museo ispirato alla sua impresa, qui è visitabile il naviglio Matthew. Certo, Bonavista è un piccolo centro abitato ma è suggestivo vedere come un pezzo di storia sia così ben custodito in un angolo del mondo, a esaltare il genio italiano e riscaldare la nostra memoria per un grande navigatore, dimenticato o quasi dai suoi compatrioti e adottato dal Canada e dagli Stati Uniti. Il museo "Ye Matthew Legacy" è il ritorno a un passato secolare e a tutti visitatori è offerta l'opportunità di salire a bordo del naviglio, riprodotto in scala reale.

Le dominazioni, si sa, lasciano un segno, a volte un'impronta difficile da cancellare. Su questa traccia Canada e Stati Uniti hanno costruito la loro ricchezza anche assimilando l'ingegno e quel *quid* unico che, unito al "can do attitude" canadese ne hanno fatto un tesoro del globo terrestre.

Caboto voleva raggiungere il Cipangu (l'odierno Giappone). Le navi della sua seconda impresa salpano nell'estate del 1498. Il figlio Sebastiano gli era a fianco; il padre toccò il Labrador, costeggiò la Groenlandia meridionale, dopo di che una misteriosa ondata porta via tutto e tutti. Cosa era accaduto? Un naufragio nell'Atlantico? Dei ghiacci galleggianti avevano costretto Caboto a piegare e a perdersi verso il sud? Un drammatico approdo in Groenlandia? Un assalto di indigeni? Oppure l'ultima ipotesi, quella ottocentesca dello storico spagnolo Martìn Fernandez de Navarette: che la spedizione spagnola nei Caraibi del 1499, guidata da Alonso de Ojeda, da Juan de la Cosa e da Amerigo Vespucci avesse incontrato gli uomini di Caboto al largo della penisola di Guajira, nel nord della Colombia, per aggredirli e ucciderli.

Il profilo di Giovanni Caboto è inciso su una moneta veneziana. Egli sembra fissare un orizzonte sconosciuto, com'è tale una Terra scoperta per avventura, a dividere il mare tra lui e la sua grande impresa.

> Darei mille libri per poter correre veloce come te.
>
> *William Shakespeare*

Gilles Villeneuve

Era venuto dal Canada – avrebbe cantato Claudio Lolli – lasciando per scherzo nella pancia della madre quei venti centimetri inutili e assassini che non servono ai piloti. Ma se di corridori di alta statura non se n'è mai contati troppi, ancor meno ne sono passati alla storia coloro che, pur non essendo mai divenuti campioni del mondo, sarebbero rimasti nel mito di uno sport, l'automobilismo, che già di suo dimora in un agone di leggenda, soprattutto nell'Italia della Ferrari e della sua storia. E allora, nel caso di Gilles come in quello dei tanti Dei dell'Olimpo, occorre partire dall'8 maggio del 1982. Dalla fine. Nel circuito belga di Zolder sono in atto le prove di qualificazione. Ai box della Rossa il clima tra le due guide è polemico. Gilles punta a un tempo migliore rispetto a Didier Pironi ma alla "curva del bosco" un'auto gli sbarra la strada. È di Jochen Mass, che cerca invano di scansarsi. L'impatto è terribile. La monoposto numero 27 di Gilles si alza in volo, si avvita due volte, piomba sullo sterrato e infine rimbalza per atterrare in piena curva. Il pilota canadese viene sbalzato fuori e resta in aria per una cinquantina di metri, volante e scarpe saranno ritrovati duecento metri più in là. I primi soccorsi sono disperati quanto inutili. La gravità e la violenza dell'incidente coincidono con l'inevitabile decesso di Gilles Villeneuve, ragazzo canadese, genio e sregolatezza come solo un quebecchese può esserlo, e pieno di coraggio, di umanità, di fantasia. "Il mio passato è pieno di dolore e di tristi ricordi: mio padre, mia madre, mio fratello e mio figlio. Ora quando mi guardo indietro vedo tutti quelli che ho amato. E tra loro vi è anche questo grande uomo, Gilles Villeneuve. Io gli volevo bene." Non sono parole di un giornalista sportivo avvezzo ai coccodrilli; è il commiato di Enzo Ferrari, il Drake, che a questo figlio adottivo, venuto da lontano, si era affezionato come non mai. E le ragioni di quel suo amore attenevano all'ideale eroico che Gilles incarnava senza darlo a vedere vanitosamente. Durante gli ultimi tre giri del "Grand Prix de France" del 1980 duellerà per il primato con René Arnoux, la cui vettura lo sovrastava in potenza. Sarà un'indimenticata sfida di ardimento, di civiltà sportiva e di eccellenza. I due si supereranno continuamente, infine prevalendo il canadese, ed entrambi regalando agli appassionati una pagina esaltante di storia della Formula 1. Chi risulti il vero vincitore, in uno sport dove la vita vacilla perennemente su un filo sospeso, è difficile a dirsi. Forse il campione tragico e sorridente – quale fu e rimarrà Gilles Villeneuve nel cuore dei suoi fans – è proprio colui che lascia di sé l'ultima immagine, la più toccante; quella di un ragazzo che taglia il suo traguardo prima di tutti, e neanche ha il tempo di accorgersene. Nulla più di una chiamata e di un presentimento che lo abbracciano, canadese e ferrarista, angelo e pilota, mentre compie il suo giro sino alla fine, in un silenzio del mondo che è il contrario della retorica e che semmai è il perdersi di questo ragazzo di Saint-Jean de Richelieu, detto l'*Aviatore*, perché "coloro che sono amati dagli dèi, muoiono giovani", e perché Gilles Villeneuve sembrava correre tra le nuvole.

Senza musica, la vita sarebbe un errore.

Friedrich Nietzsche

Neil Young

Il medico ripose i suoi strumenti nella borsa e disse a voce bassa a Scott e a Edna che il piccolo Neil aveva il diabete e che la poliomelite stava indebolendo la sua parte sinistra. Per una dozzina di anni la famiglia cercò di condividere quelle difficoltà ma nel 1957 Edna decise di separarsi, di lasciare il piccolo borgo di Omemee e di trasferirsi a Winnipeg. Fu lì che il suo figliolo, ormai adolescente, prese ad ascoltare Ian Tyson, leggenda della *Folk music* d'autore, tuttora amato e celebrato; fu lì che anni dopo incontrò Stephen Stills e Joni Mitchell... Insomma fu negli anni dell'Alberta che quel ragazzo un po' gracilino divenne Neil Young. *Sugar Mountain* è ormai un pezzo di storia canadese, scritta in un albergo di Fort William (l'attuale Thunder Bay), dove il ragazzo festeggiava il suo diciannovesimo compleanno in tournée con *The Squires*. La Mitchell racconterà che all'epoca già conosceva Neil e che lui stesso le aveva confidato in che misura i versi di quella sua canzone contenessero immagini della sua trascorsa pubertà.

> Now you say you're leavin' home
> 'cause you want to be alone
> Ain't it funny how you feel
> When you're finding out it's real.

Partendo dai primi esperimenti di quella *Alternative Country* che si rivelerà un'ardita commistione di generi musicali, dal rock & roll al rockabilly, all'honky tonk fino al punk rock, Young perviene quasi con naturalezza al capolavoro assoluto della sua "Trilogia oscura", con cui l'artista intraprende un percorso difficile, cantando il suo tempo e il suo ambiente senza ingannare nessuno, senza mischiare le carte in tavola. Anche per questo la dolorosa ballata *The Needle and the Damage done* rappresenta il testamento di una generazione di artisti votati all'autodistruzione. Un'attitudine che Young stesso aveva evidentemente esercitato in virtù di un esercizio autocritico talmente lucido da lasciargli intuire quale compiacimento vi fosse nel pensare e nel vivere da *maledetto*. Un articolo di Marco Frattaruolo sottolinea in che misura le idee e i giudizi del cantautore canadese fossero chiarissimi. Egli racconta che, viaggiando dal Canada agli Stati Uniti, aveva fatto esperienze positive e negative, come era accaduto a tutti, ma che per sempre gli sarebbe rimasto il rimpianto dei tanti grandi artisti inespressi o abbattuti a causa dell'eroina. Verità amara. Tra i Sessanta e i Novanta moltissimi talenti saranno falcidiati a causa di comportamenti totalmente malaccorti, e di un abuso di sostanze e di atti trasgressivi e autoaggressivi. Uno dei casi più drammatici in tal senso sarà quello di Kurt Cobain, il cui suicidio ferirà profondamente il cuore di Young, che alla tragedia dedicherà una canzone-requiem di struggente intensità, quella *Sleeps with Angels* che oggi risuona come una dedica a lui stesso da parte dei suoi tantissimi ammiratori, che tra gli angeli e tra loro lo vogliono vivo e creativo. "Quando avrò smesso di suonare, vorrà dire che sarò morto". Neil Young lo ha detto di sé usando il tempo futuro.

> Non ci sono passeggeri sulla nave spaziale Terra.
> Siamo tutti parte dell'equipaggio.
>
> *Marshall McLuhan*

David Suzuki e Severn Cullis Suzuki

Un attivista dei diritti della Terra, nulla di meno e nulla di più. Uno studioso non per mestiere ma per strategia. Un uomo che propone, che se non lo ascoltano si ripete, che se non lo capiscono si rispiega. Che non molla mai. Il suo nome è David Takayoshi Suzuki, ottantaduenne di Vancouver, da decenni impegnato in una divulgazione verosimile del linguaggio scientifico e dei suoi dati, volto e voce notissimi negli anni Settanta, per via delle trasmissioni televisive e radiofoniche che la CBC mandava regolarmente in onda: *The Nature of Things* (dal lucreziano *De rerum natura*), un programma seguito in una quarantina di nazioni, tra cui l'Italia. "Gli economisti dicono: se disboschi le foreste, prendi i soldi e li metti in banca, puoi farci il 6, il 7%... Se disboschi le foreste in Malaysia o in Nuova Guinea, puoi farci il 40%; quindi chi se ne frega della foresta, buttala giù, investi i soldi altrove. Quando saranno andate, investi in pesci; finiti i pesci, investi in computer... Il denaro non ha un significato reale e ora cresce più velocemente del mondo reale. L'economia convenzionale è una forma di danno cerebrale. L'economia è talmente disconnessa dal mondo reale, talmente distruttiva... Alla sua prima lezione di un corso di economia, il professore vi mostrerà subito delle *slides*: materie prime, processi di estrazione, vendite, frecce che vanno avanti indietro... E cercherà di impressionarvi ben sapendo che l'economia non è una scienza. L'economia è un insieme di valori che i teorici tentano di usare con equazioni matematiche. Ma se chiedi all'economista: "In quella equazione, dove metti lo strato di ozono? E le falde acquifere profonde come l'acqua fossile? E il terriccio? E la biodiversità?" La loro risposta sarà che si tratta di elementi esterni. Beh, allora potresti anche stare su Marte, perché allora l'economia non si basa su qualcosa che appartiene al mondo reale, non è la vita, che filtra l'acqua nel ciclo idrologico, non sono i micro-organismi presenti nel suolo... La Natura fornisce ogni tipo di servizio, che è vitale per la salute del Pianeta. L'economia chiama tutto questo esternalità. È follia!" Suzuki argomenta sul presente e sul futuro dell'umanità; ci sono questo e quello? E, se no, come riappropriarci della vita di noi che siamo e di coloro che saranno? Gli economisti procedono per astrazioni perché non si sono nemmeno soffermati sul titolo della materia che insegnano. Né hanno ragionato sulla coincidenza etimologica secondo cui l'oggetto di intervento in *Ecologia* e in *Economia* è uno solo per entrambe, ed è οἶκος (casa). L'Ecologia si occupa del linguaggio della casa, delle sue relazioni; l'Economia invece riguarda l'amministrazione, il controllo e l'uso delle sue risorse. Perché dovrebbe esservi opposizione tra due campi tanto limitrofi?

Come facevano i veri sapienti e i poeti più irreali, Suzuki è stato un anticipatore di pensiero. Egli ha colto il pericolo vero della devianza contemporanea e dinanzi a questa verità difficile ha saputo elevare la sua immaginazione. Perché i cosiddetti potenti, nel leggere i dati drammatici di una Natura devastata dall'ossessione di un progresso e di uno sviluppo senza oggetto, sanno perfettamente di non avere risposte. Sono muti. E se qualcosa la sussurrano, sarà per pronunciare frasi di circostanza, banalità. E se una polemica vorranno aprirla, essa si scatenerà non certo contro gli sfruttatori o gli incivili (che quasi tutti noi siamo) ma contro i pessimisti, i catastrofisti, i fatalisti. Suzuki è stato tra i primi a guidarci verso una situazione di riposo, ad attendere il giorno in cui i futuri abitanti della Terra saranno desiderosi di rinunciare al godimento e allo sfruttamento delle risorse che pure diminuiranno, com'è normale, fino a terminare.

La voce autorevole e credibile di David Takayoshi Suzuki ha goduto di un'eco fortemente simbolica, quella di Severn Cullis-Suzuki, anche lei attivista ambientale. Severn è forse stata la prima a raccogliere il testimone paterno. Lo fece prima di ogni auspicio, all'eta di 12 anni, al vertice della Terra di Rio de Janeiro del 1992, leggendo un appello che disorientò e commosse il mondo intero.

E io desidero riportare il suo appello integralmente, perché in esso sta il sogno di un giovanissima abitante del nostro pianeta, nonché la grande cultura civica del Canada.

Buonasera, sono Severn Suzuki e parlo a nome di "Environmental Children Organization". Siamo un gruppo di ragazzini di 12 e 13 anni e cerchiamo di fare la nostra parte, Vanessa Suttie, Morgan Geisler, Michelle Quaigg e io. Abbiamo raccolto da noi

tutti i soldi per venire in questo posto lontano 5000 miglia, per
dire alle Nazioni Unite che devono cambiare il loro modo di
agire. Venendo a parlare qui, non ho un'agenda nascosta, sto
lottando per il mio futuro. Perdere il mio futuro non è come perdere un'elezione o alcuni punti sul mercato azionario. Io sono
qui a parlare a nome delle generazioni future. Sono qui a parlare a nome dei bambini che stanno morendo di fame in tutto il
pianeta e le cui grida rimangono inascoltate. Sono qui a parlare
per conto del numero infinito di animali che stanno morendo nel
pianeta, perché non hanno più alcunposto dove andare. Ho paura
di andare fuori al sole perché ci sono dei buchi nell'ozono, ho
paura di respirare l'aria perché non so quali sostanze chimiche
contiene. Ero solita andare a pescare a Vancouver, la mia città,
con mio padre, ma solo alcuni anni fa abbiamo trovato un pesce
pieno di tumori. E ora sentiamo parlare di animali e piante che si
estinguono, che ogni giorno svaniscono per sempre. Nella mia
vita ho sognato di vedere grandi mandrie di animali selvatici e
giungle e foreste pluviali piene di uccelli e farfalle, ma ora mi
chiedo se i miei figli potranno mai vedere tutto questo.

Quando avevate la mia età, vi preoccupavate forse di queste
cose? Tutto ciò sta accadendo sotto i nostri occhi e ciò nonostante continuiamo ad agire come se avessimo a disposizione
tutto il tempo che vogliamo e tutte le soluzioni. Io sono solo
una bambina e non ho tutte le soluzioni ma mi chiedo se siate
coscienti del fatto che non le avete neppure voi. Non sapete
come si possano riparare i buchi nello strato di ozono, non sapete come riportare indietro i salmoni in un fiume inquinato, non
sapete come far ritornare in vita una specie animale estinta, non
potete far tornare le foreste che un tempo crescevano dove ora
c'è un deserto. Se non sapete come fare a riparare tutto questo,
per favore, smettete di distruggerlo. Qui potete esser presenti
come delegati del vostro governo, uomini d'affari, amministra-
tori di organizzazioni, giornalisti o politici, ma in verità siete
madri e padri, fratelli e sorelle, zie e zii e tutti voi siete anche
figli. Sono solo una bambina, ma so che siamo tutti parte di
una famiglia che conta 5 miliardi di persone, per la verità, una
famiglia di 30 milioni di specie. E nessun governo, nessuna
frontiera, potrà cambiare questa realtà. Sono solo una bambina
ma so che dovremmo tenerci per mano e agire insieme come
un solo mondo che ha un solo scopo. La mia rabbia non mi ac-

ceca e la mia paura non mi impedisce di dire al mondo ciò che sento. Nel mio paese produciamo così tanti rifiuti, compriamo e buttiamo via, compriamo e buttiamo via, compriamo e buttiamo via, e tuttavia i paesi del nord non condividono nulla con i bisognosi. Anche se abbiamo più del necessario, abbiamo paura di condividere, abbiamo paura di dare via un po' della nostra ricchezza. InCanada, viviamo una vita privilegiata, siamo ricchi d'acqua, di cibo, di case, abbiamo orologi, biciclette, computer e televisioni. La lista di quel che abbiamo potrebbe essere ben più lunga. Due giorni fa, qui in Brasile siamo rimasti scioccati; stavamo assieme a dei bambini di strada. Uno di loro ci ha detto: "Vorrei essere ricco, e se lo fossi vorrei dare ai bambini di strada cibo, vestiti, medicine, una casa, amore ed affetto." Se un bimbo di strada che non ha nulla è disponibile a condividere, perché noi che abbiamo tutto siamo ancora così avidi? Non posso smettere di pensare che quelli siano bambini della mia età e che nascere in un paese o in un altrofaccia ancora una differenza tanto grande; che potrei essere una bambina in una favela di Rio o una bambina che muore di fame in Somalia, una vittima di guerra in medio-oriente o una mendicante indiana. Sono solo una bambina ma so che se tutto il denaro speso in guerre fosse destinato a cercare risposte ambientali, a vincere la povertà e a siglare degli accordi, che mondo meraviglioso sarebbe la Terra! A scuola, persino all'asilo, ci insegnate come ci si comporta al mondo. Ci insegnate a non litigare con gli altri, a risolvere i problemi, a rispettare il prossimo, a rimettere a posto tutto il disordine che facciamo, a non ferire altre creature, a condividere le cose, a non essere avari.

Allora perché voi fate proprio quelle cose che ci dite di non fare? Se dimenticate il motivo di queste conferenze, perché le state facendo? Noi siamo i vostri figli, voi state decidendo in quale mondo noi dovremo crescere.I genitori dovrebbero poter consolare i loro figli dicendo: "Tutto andrà a posto. Non è la fine del mondo, stiamo facendo del nostro meglio." Ma non credo che voi possiate dirci queste cose. Siamo davvero nella lista delle vostre priorità? Mio padre dice sempre che siamo quel che facciamo, non quel che diciamo. Ciò che voi state facendo mi fa piangere la notte. Voi continuate a dire che ci amate, ma io vi lancio una sfida: per favore, fate che le vostre azioni riflettano le vostre parole!"

Più facciamo progressi interiori, più diminuisce il numero
di coloro con cui possiamo realmente comunicare.

(*Emil Cioran*)

Marshall McLuhan

Onorato in tutto il mondo per un'attività di studioso che ha
rappresentato la bella eccezione di interpretare i fenomeni e
i concetti al suo tempo dominanti, ancor oggi a prescindere
dal pensiero di Marshall McLuhan non è dato comprendere
alcun meccanismo di comunicazione o di trasmissione di
fatti e di pensieri: *mass-media, moda, pubblicità, energia*...
Quanto ancora si riveli congiunto nella società contemporanea deve a questo intellettuale canadese una critica e un
giudizio serrati, la fulminante velocità con cui la società
globale fu da lui anticipata e compresa.

A Marshall McLuhan l'universo mondo deve moltissimo, sebbene accade spesso che le celebrazioni in suo nome
si consumino in un clima accademico poco adatto alla sua
velocità di pensiero e altresì incline a ripetere le sue intu-
izioni più comuni sul *villaggio globale* e sul medium che
è il messaggio. Ad averlo brillantemente divulgato è stato
Derrick De Kerckhove, intellettuale globe-trotter serio e vivace che nel tempo ha ereditato parte della magia del grande studioso canadese senza con ciò pretendere di esserne il
solo epigono. Di quella scuola De Kerckhove ha rappresentato semplicemente un'eccellenza. Accanto a sé McLuhan
meritava degli allievi liberi e curiosi, grazie ai quali le sue
idee sarebbero state approfondite con brillantezza. Dalla
città come aula alle infinite versioni *glocalistiche* del web,
ai nuovissimi media che mai soppiantano i vecchi; dal riscaldare al raffreddare la medesima notizia fino all'idea

più illuminante e banale (e com'è che non c'era venuta in mente?): che i mezzi di comunicazione rappresentassero la "condizione dell'esperienza": di ogni esperienza e di ogni medium, che si trattasse del Nilo o della stampa a caratteri mobili, del cavallo o dell'ultima serie Bmw, della lettera consegnata da un messo o di un *whatsapp* smistato da un *server*... Quelle erano e sono tutte condizioni di passaggio nel mondo, a prescindere dalla verità e dalla realtà dell'esperienza medesima.

Stupisce però, come sopra accennavo, che ancor oggi passi praticamente sotto silenzio uno dei contributi fondamentali che il pensiero di Marshall McLuhan ebbe a rendere al nostro paese in uno dei frangenti più tragici della sua storia. Il 19 febbraio del 1978, intervistato da un giornalista de "Il Tempo" di Roma, egli suggerì ai nostri governanti una soluzione clamorosa per sconfiggere il terrorismo. Gino Agnese, già direttore di "MassMedia", una delle riviste più autorevoli e specializzate nel settore della massmediologia, così ricorda quello scoop.

> L'intervista fece veramente molto rumore. McLuhan disse: 'Bisogna staccare la spina!'. Voleva dire: bisogna togliere la comunicazione e cioè non diffondere i messaggi terroristici, ossia bisogna fare silenzio sul terrorismo. Sarà l'unico modo per spegnerlo. Però ricordo che il quotidiano, dopo quell'intervista, ospitò un dibattito a cui io intervenni muovendo a McLuhan l'obiezione che l'uomo elettrico, come egli lo definiva, non poteva essere privato della corrente. Non si può togliere la spina all'uomo elettrico di oggi, nella società della comunicazione. La società della comunicazione non può essere annullata con un decreto: è impossibile.

Gino Agnese non aveva tutti i torti, sebbene fu esattamente quel che accadde dopo... E allora vale la pena ricordare gli eventi assai convulsi di quei giorni. Il 12 dicembre del

1980 un nucleo armato delle Brigate Rosse rapisce Giovanni D'Urso, direttore dell'ufficio terzo degli istituti di pre-
venzione e pena. La rivendicazione brigatista indica nelle
carceri un nuovo territorio di scontro, il che, due settimane
dopo, chiama in automatico una grave rivolta nel peniten-
ziario di Trani. Settanta detenuti chiedono la chiusura dello
speciale dell'Asinara; un blitz delle forze dell'ordine seda
la ribellione e libera gli ostaggi. Ma è con il comunicato
n° 6 che il terrore perde la sua prima, vera battaglia. Tra le
condizioni per liberare D'Urso i brigatisti ci infilano l'obbligo per la stampa di pubblicare i comunicati emessi dalle
galere di Trani e di Palmi. Intanto Mario Scialoja de "L'E-
spresso" riesce a intervistare i carcerieri del dirigente peni-
tenziario. Questo clima da *Big Brother* del crimine politico
viene rotto dagli spari che uccidono il generale Galvaligi.
Alché Scialoja e il collega Bultrini vengono arrestati e due
giorni dopo le Br licenziano un comunicato col quale dele-
gano la condanna a morte o la grazia di D'Urso ai comitati
di campo di Trani e di Palmi. E pretendono che i giornali
ne pubblichino la sentenza. È chiaro che siamo alla follia
collettiva. E invece no: proprio dal suo abisso la coscienza rinsavisce. I media capiscono che ormai sono strozzati
dall'abbraccio mediatico dei terroristi rossi e reagiscono
come McLuhan, già tre anni prima, aveva loro suggerito.
Alle ore 20 di domenica 4 gennaio 1981 il Tg1 comunica ai suoi telespettatori: "Ci asteniamo dal fornire ulteriori
dettagli mentre lo scritto delle BR è al vaglio degli inqui-
renti." A far da eco, quasi subito, il "Corriere della Sera",
che inoltra ai propri lettori le seguenti determinazioni:

La Direzione del C.d.S., d'intesa con la direzione del gruppo editoriale e informato il Comitato di redazione, ha deciso
da oggi il completo silenzio stampa sulle richieste dei terroristi
rapitori del giudice D'Urso. (...) Le ultime mosse dei brigatisti

dimostrano ormai, in modo indiscutibile, che l'obiettivo è proprio quello di guadagnare spazio nei giornali e in televisione per recuperare il terreno perduto con gli arresti e le defezioni... Sappia il lettore che questa decisione non lo priverà di alcuna vera notizia: faremo da oggi un giornale, se possibile, ancora più ricco e informato eliminando dalla cronaca del terrorismo solo quella parte di puro ricatto che tende ad avvelenare e stravolgere la verità trasformando i giornali in strumenti di eversione.

Aderiscono all'impostazione di Via Solferino "Il Giornale", "La Notte" e il "Giorno". Infine "Repubblica" dalla penna di Eugenio Scalfari: "Non daremo alcun spazio ai loro proclami, ma continueremo a pubblicare tutte le informazioni che riguardano le Br, ivi comprese le loro richieste, col dichiarato intento di farle conoscere all'opinione pubblica."

Piombati in un silenzio ben più tragico di un regime di isolamento in qualche braccetto speciale, i brigatisti vanno in crisi di asma. Viene meno l'ossigeno della ridondanza, cade ogni velleità di proselitismo, si spezza qualsiasi flebile legame tra la loro teoresi di morte e la generale insofferenza di un popolo che avevano creduto stoltamente di rappresentare. Le Brigate Rosse muoiono anche grazie a un genio di Toronto, che tutto aveva visto e compreso vent'anni prima che i nostri intellettuali di punta dessero i primi segni di vita e di impegno. "Pensatori" poi clonati nel pensiero debole e via a scendere, nei laboratori di ermeneutica e nelle ontologie del cellulare.

È assai probabile che dobbiamo gran parte della nostra integrità democratica a quel McLuhan in presa diretta con la società, all'interprete serio dei fatti, a colui che alcuni anni dopo ci avrebbe di nuovo messo in guardia, stavolta dinanzi alla deriva della politica spettacolarizzata, al circo televisivo che stava ammaestrando gli spettatori, ridotti com'erano alla lobotomizzazione coatta da una compagnia di giro senza arte né parte. Ecco, nell'assistere alle troppe dimostrazioni di acquiescenza nei confronti dei poteri, Marshall McLuhan auspicherebbe oggi una "moratoria oratoria". Microfoni spenti, spina staccata, soltanto scarni commenti a spiegare le cose fatte sul serio. Il che almeno impegnerebbe qualcuno a far qualcosa, invece che parlarne. E intorno, un silenzio da collina senese in autunno, o da boschi di acero in Nova Scotia, come a restituire decoro all'esercizio dell'ascolto.

> Le donne per lo meno hanno le toilettes.
> Ma gli uomini, con che cosa possono
> coprire il loro vuoto?
>
> Karl Kraus

Elizabeth Arden

Quando decide di regalarsi un nome d'arte, Florence Nightingale Graham ripensa a un racconto che Alfred Tennyson aveva scritto qualche anno prima che ella nascesse. Era la storia abbastanza infelice di un marinaio che, nel desiderio di dare agiatezza alla sua amata famiglia, si imbarca in un'impresa difficile e, come il destino ha scritto, fa naufragio. Trascorre molto tempo. In sua attesa la moglie Annie, dapprima rifiuta le profferte dell'amico Philip, infine cede all'ostinato corteggiatore. Lo fa per ridare un futuro ai suoi figli. Ma ecco che una nave di passaggio avvista un naufrago disperato che domanda aiuto dalla costa di un'isola deserta, e lo riporta a casa. In Inghilterra lo attendono una disperante delusione, la solitudine totale e un sacrificio inevitabile: osservare, non visto, una famiglia felice che non è più la sua ed eclissarsi per sempre. La storia di Enoch Arden termina così. La storia Florence Nightingale Graham sarà tutt'altra cosa. Nata in una zona suburbana a nord di Toronto, viene ammessa a una scuola per infermiere, che abbandona verso i ventuno anni. Raggiunge a New York suo fratello e per un po' lavora presso un salone estetico. Da qui le viene in mente di entrare nel business della Bellezza e di chiamarsi Elizabeth Arden. Nel 1912 si trova a Parigi per imparare i segreti del massaggio al viso; presto rientra a New York, e lì inventa tonalità nuove per i rossetti, cambiando i colori del volto a tutte le donne americane. Dopo aver collaborato insieme al farmacista Fabian Swanson, crea una rivoluzionaria crema per il viso, la "Venetian Cream Amoretta", nonché la lozione "Arden Skin Tonic". Due successi clamorosi. Ma non finisce lì: le riescono favolosi abbinamenti tra gli incarnati e i suoi fondotinta, e arriva a creare il "total look", laddove labbra, guance e unghie saranno coordinate in un solo colore. Elizabeth Arden sarà il primo marchio a essere pubblicizzato nei film.

A 37 anni la Arden possiede negozi in tutto il mondo: da ogni stato di Usa e Canada a Lima, da Melbourne a Hong Kong, da Singapore a Johannesburg, da Londra a Roma, a Città del Capo, a Nassau. Clienti in ogni città del pianeta, qualcuno più famoso di altri, come Elisabetta II, Marilyn Monroe, Jacqueline Kennedy, Marlene Dietrich, Joan Crawford...

Nel 2016 la "Elizabeth Arden" sarà acquistata dalla Revlon per 870 milioni di dollari. Elizabeth era mancata cinquant'anni prima. Aveva sposato un banchiere newyorchese e un principe russo, aveva goduto della collaborazione di stilisti importanti, come Oscar de la Renta, che per lei disegnerà abiti e scarpe. Per il resto non aveva mai tradito le sue convinzioni repubblicane né la sua personale amicizia con Battista Pininfarina, né la sua amatissima Ferrari, su cui sfrecciava per le strade americane.

Insomma era sempre rimasta eguale a sé, esempio di una creativa ibridazione canadese e statunitense. Per dare la misura del suo impatto a livello mondiale, basti dire che Elizabeth Arden sarà la seconda donna, dopo la regina Elisabetta II, e la prima imprenditrice a troneggiare sulla copertina del "Time": "Elizabeth Arden: una regina governa lo sport dei re". Tutto vero ciò che era scritto nell'articolo. In fondo lei truccava gli altri, non se stessa.

Il miglior riconoscimento
per la fatica fatta non è ciò che se ne ricava
ma ciò che si diventa grazie a essa.

John Ruskin

Donald Sutherland

Succede che proprio in film minori si trovino delle scene indimenticabili. In una di esse Laura e John Baxter stanno flirtando come due ragazzi in un appartamento veneziano ma la regia non indugia sui soliti momenti ripetitivi, anzi si sofferma con delicatezza sui piccoli gesti che ciascuno dei due compie dopo l'amore: specchiarsi, lavarsi, truccarsi, rasarsi, rivestirsi… Il film era *Don't look down*, una produzione anglo-italiana che ammiccava al genere gotico; i due coniugi, svestiti i ruoli, si chiamavano Julie Christie e Donald Sutherland. Era quasi cinquant'anni fa. A oggi questo immenso attore del New Brunswick, nato a pochi passi dal Saint John (fiume che vanta il ponte coperto più lungo del mondo), ha collezionato oltre centocinquanta film ed è stato diretto da Aldrich, Pakula, Altman, Schlesinger, Bertolucci, Fellini, Chabrol, Malle, Herzog, Stone, Eastwood e Tornatore... Insomma il Gotha del cinema mondiale. All'atto di ricevere, nel 2018, il Premio Oscar alla carriera, è bello che egli racconti di un momento magico vissuto pochi mesi prima, mentre era seduto a un balcone di un bell'albergo romano e davanti a sé aveva Via del Corso, tra Piazza Venezia e Piazza del Popolo... "C'era un tavolino tra Francine e me, due piatti di spaghetti ai frutti di mare e una bottiglia d'acqua. È squillato il mio telefono americano e dall'altro capo del filo era John Bailey, che conosco da almeno 35 anni. Ho detto: Hallo John! E lui: Hallo Donald, tu sai, sono diventato Presidente dell'Academy... Oh! gli ho detto: Congratulations John! Allora lui mi ha interrotto... No, sono io che devo congratularmi con te! Ha parlato con Francine e le ha spiegato tutto. Lei ha abbassato e mi ha detto: Dovresti dimagrire. Io ho guardato lei, ho guardato gli spaghetti e ho detto: Cominciamo domani!"

È la leggerezza di un ottuagenario che vede davanti a sé, oltre agli onori, il filo sempre più corto di una dolce vita. È la raffinatezza di un grandissimo attore che ha saputo vestire i ruoli più diversi mutando impercettibilmente i gesti e le espressioni. Vi è qualcosa di profondamente canadese nello stile di Sutherland; persino nell'onorarsi egli contiene una giusta fierezza in una visione più reale, di sé e della sua esistenza. Eppure sui set egli ha saputo difendere le sue convinzioni. Lo fece in *MASH* con Robert Altman, lo fece in *Novecento* con Bernardo Bertolucci dando luogo a schermaglie senza fine. Eppure non ha lesinato giudizi nettissimi, su Federico Fellini ad esempio: "Come disse Sir Richard Attenborough, Fellini è in cima all'Everest, tutti gli altri sono a valle. Federico non guardava mai in moviola, perché la dimensione bidimensionale interferiva con la sua immaginazione tridimensionale. Era magico, magico! E mi manca così tanto... perché ero così intimamente connesso con lui. Mia moglie mi odia quando lo dico, ma la nostra era quasi una relazione sessuale per il genere d'intensità che sprigionava." E del miglior attore canadese di ogni tempo rimarrà, oltre a pellicole indimenticabili, il suo profondo sguardo sugli altri. E l'immagine di lui che innalza la bandiera olimpica in apertura dei giochi di Vancouver.

La mia povertà è estrema, Signore. Non dispongo
dei beni di questo mondo
ma darò me stesso; il mio tempo, il mio lavoro.
Seminerò poco, è vero, ma la tua misericordia
mi farà raccogliere all'infinito.

Marie-Marguerite d'Youville

Marie-Marguerite d'Youville

Marguerite Dufrost de Lajemmerais nasce nel borgo quebecchese di Varennes nel 1701. A sette anni rimane orfana di padre, la cui morte lascia la famiglia in grande povertà. Grazie all'interessamento del bisnonno Pietro Boucher, studia due anni presso le Orsoline di Québec, mostrando fortezza di carattere e grande maturità. Non manca di contribuire all'educazione dei suoi fratellini, finché conosce a Montréal François Youville de la Découverte, con cui si sposa. Sarà un matrimonio sofferto: il marito non dedica alcun interesse alla vita famigliare, piuttosto si occupa di trafficare alcool con gli indiani. Ma non basta: le muoiono quattro dei suoi sei figli. Infine il marito si ammala gravemente e muore nel 1730. Questa serie di disgrazie non minano l'esistenza di Marguerite, che inizia a dedicarsi a molte opere di carità. Il 21 novembre 1737 accoglie nella sua casa una cieca. Poco dopo Natale si consacra a Dio per dedicarsi ai diseredati fondando le Suore della Carità di Montréal, dette anche "Grey Nuns".

Di lei rimane un sola immagine, un ritratto di François Beaucourt; esso verrà ispirato da un disegno del 1771. Come ritrattista, Beaucourt aveva talento e i suoi ritratti risultavano all'occhio per il loro calore.

Il figlio Charles, autore della sua prima biografia, parlerà di sua madre Marguerite come di "una delle persone più belle del suo tempo. Era castana chiara, di bel colorito, due occhi vivi, i lineamenti del viso regolari, corpulenta e molto aggraziata. Amava i piaceri della vita e aveva uno spirito organizzativo assai brillante."

Al di là di considerazioni che potrebbero suonare fuorvianti, Marguerite non smetterà di curare la sua profonda spiritualità, un'istintiva compassione verso chiunque fosse bisognoso ma anche il coraggio e la capacità di dirigere il "Montréal General Hospital" durante anni difficili.

D'altronde la spiritualità di Marguerite d'Youville è parte integrante della riforma del cattolicesimo nella Francia nel XVII secolo. Da lì provenivano diversi mistici e teologi quali Saint Vincent-de-Paul e Jean-Jacques Olier, che fonderà la "Compagnia dei sacerdoti" di Saint-Sulpice ("Dio vuole creare un popolo nuovo, che sia interamente Dio per partecipazione, somiglianza, conformità, identità, unità, uniformità."). Un membro di questa compagnia, Louis Normant de Faradon, diventerà consigliere spirituale di Marguerite d'Youville.

Nel 1727 Marguerite entra nella *"Confrérie des Dames de la Sainte-Famille"*. È in quella occasione che ha luogo il suo incontro mistico con Dio. È spesso sola e piange la morte dei suoi figli. Nel 1766 scrive: "Il Divin Padre è oggetto di tutta la mia fiducia da quasi quarant'anni." La Fede le permetterà di operare nel campo dei servizi sociali e comunitari, tanto che suor Estelle Tardif così commenterà la sua parabola: "Nasce da sola, povera tra i poveri. Donna del silenzio, vive in profonda comunione con la paternità di Dio e ascolta i poveri. Per lei, essi sono coloro che hanno più bisogno di Dio per diventare degli esseri umani."

Marguerite d'Youville ha lasciato ai suoi contemporanei e alle generazioni future un'eredità spirituale segnata da una compassione sconfinata per i bisognosi e da una fede incrollabile in Dio e nella Provvidenza.

In considerazione della sua vita eccezionale, della devozione e della compassione verso il prossimo, Marguerite è stata canonizzata nel 1990 da Papa Giovanni Paolo II. È sepolta nella Basilica di Sainte-Anne de Varennes, dove le è dedicata una cappella.

> Ma vanno così le cose della vita: uno pensa di recitare la sua parte in uno spettacolo e nemmeno si immagina che sul palcoscenico nel frattempo, di soppiatto, hanno cambiato lo scenario e senza saperlo si ritrova nel bel mezzo di uno spettacolo completamente diverso.
>
> *Milan Kundera*

Robert Lepage

Davanti alla Roy Thomson Hall, alla Princess of Wales Theatre, e alla Royal Alexandra Theatre di Toronto si percorrono tredici segmenti di marciapiede. Su di essi sono incisi dei quadrati a sfondo rosso con una stella e un nome. Dal 1998 la *Canada's Walk of Fame* assegna questo riconoscimento alle personalità canadesi che si sono distinte nei campi delle arti, dello spettacolo e dello sport. Ad oggi i nomi sono 151 e tra essi, dal 2001, vi è il nome di Robert Lepage. Ma vi è un altro riconoscimento, non meno importante, che lega questo eccellente regista al nostro paese. Nel 2005, con *The Busker's Opera*, egli vince un Premio UBU per la migliore opera straniera presentata in Italia. Nulla più di quello spettacolo descriveva la poetica di Lepage. Ispirata all'*Opera da tre soldi*, la storia raccontava della giovane, creativa Polly (virtuosa di "scratching disco") e di un bandito che faceva il verso a un gruppo pop americano. Con essi si esaltavano altri personaggi che sembravano capitati per avventura nel mondo dello spettacolo e che facevano il verso ad artisti reali. Le azioni si svolgevano in spazi simbolici e i musicisti suonavano generi contemporanei. "Il messaggio – commentò con giustezza Anna Maria Monteverdi – è chiaro: quando l'arte viene inglobata cannibalisticamente dentro la cornice, insomma nel trita-rifiuti dello *show business*, non c'è più scampo, tutto diventa commestibile."

Soltanto due anni fa al "Napoli Teatro Festival" il pubblico ha affollato il Politeama per assistere a *Kanata*, gigantesca opera annunciata di Robert Lepage, il quale ha saputo "guidare" sul palco più di trenta attori del "Théâtre du Soleil", e lo ha fatto per la gioia di raccogliere una sfida: quella di mettere in scena una nazione intera: *Kanata*. "Kanata" aveva l'intento di rafforzare l'esercizio di collettiva auto-coscienza a cui la cultura canadese sembra essersi votata da molti anni per legittimare la sua cultura e la sua storia. Nulla di diverso, in fondo, da quanto è toccato al popolo tedesco (per ragioni di assoluta evidenza storica del tutto differenti da quelle canadesi), allorché Edgar Reitz si accollò il peso di *Heimat*, quindici ore di un film monumentale in cui era mirabilmente narrato il Novecento tedesco tra il 1919 e il 1982.

D'altronde Lepage aveva premesso che questo suo *Kanata 1, La Controverse* sarebbe stato il primo tratto di un sentiero tortuoso, giacché il nodo originario, alla fine, non era detto che si sarebbe sciolto. Rispetto al lungometraggio reitziano, volto a ricostruire un'identità cancellata e distrutta, per Lepage la sfida è stata di creare un'identità nuova. In questi anni l'identità nazionale appare un obiettivo che, in ogni stato europeo, viene perseguito con un'ipocrisia degna di miglior causa, come se resista una nazione in grado di vantarne una senza macchie o senza strappi. Del resto il sodalizio artistico tra Robert Lepage e Ariane Mnouchkine – figura centrale del *Théâtre du Soleil* – conferma la stima di Lepage nei confronti di un'esperienza di ricerca e di movimento permanenti, proprio a staccarsi dai cascami di una certa tradizione ottocentesca.

Consapevole di cosa lo avrebbe atteso, con *Kanata* Lepage ha provato a narrare secoli di storia e di cronaca canadesi. Lo ha fatto a partire dalle oppressioni e dalle violenze subite dagli indigeni. Da lì in poi egli è proceduto nell'esercizio auto-cosciente di un popolo che parla con se stesso. Come in tutte le direzioni di Lepage, anche in questo spettacolo prevale una "velocità sociale" che contrasta coi limiti e con la lentezza della visione storica. Ed è un'impressione che non muta dinanzi allo sguardo colpevole dedicato alle minoranze tuttora resistenti, allo smarrimento dinanzi alla crescente potenza delle componenti asiatiche, e forse a un celato sentimento di anglosassone superiorità nei riguardi di quella gente variamente assimilata che discende dall'immigrazione europea più povera, quella italiana su tutti.

Se questo è il quadro, un dipinto contemporaneo ha tentato di illustrarlo a partire dall'incontro tra Leyla, una curatrice artistica di Ottawa, e Jacques, direttore di un museo francese interessato a una mostra sugli autoctoni. Una banale simpatia tra i due funge da occasione per spostare scena e spettatori dall'Ontario a Vancouver, dove vive Tanya, figlia adottiva indiana di Leyla e figlia naturale di un degrado sociale che ha il suo epicentro a Downtown Eastside, in quella Hastings Street dove la prostituzione e la tossicodipendenza, la follia e l'alcolismo trovano rifugio. E andrebbe aggiunto: dove le cose vanno come vanno in tutto il mondo, dove malattia, compulsione e auto-distruzione hanno radici assai meno politiche di quanto si creda. Ciò detto, per non nasconderci dietro le bandiere e le storie patrie, questo immane lavoro di Robert Lepage dimostra una volta ancora che il Canada è un grande paese. Non un paese perfetto, non senza contraddizioni, non senza una storia patria che nessuna operazione risarcitoria redimerà. E nonostante questo il Canada rimarrà quel bellissimo laboratorio internazionale che è, dove artisti come Robert Lepage continueranno a creare e a produrre opere fondamentali. Alla chiusura del sipario di *Kanata*, che vuol dire *villaggio* ma che, in scena, poteva anche tradursi in *umanità* apolide, il pubblico ha percepito che persino una umanità in cerca di un luogo inesistente può far parte di una nazione che guardi avanti. Ci sono cittadini che non trovano mai casa, ve ne sono altri che non la cercano. L'importante è che le porte restino aperte, o almeno socchiuse, come per ogni sipario delle scene di Lepage.

> La più bella e profonda emozione che possiamo provare
> è il senso del mistero; sta qui il seme
> di ogni arte, di ogni vera scienza.
>
> *(Albert Einstein)*

Hubert Reeves

Nello scorrere la biografia di una persona eminente, trascuriamo quelle note che in genere sono registrate alla voce:

vita privata. E talvolta commettiamo un grave errore. Non lo faremo nel caso di Hubert Reeves, astrofisico e nonno, ovvero uno scienziato che, giunto a un certo esito della sua esistenza – in quel punto oltre cui vi è poco o nulla da chiedere per sé – decide di regalare ai suoi nipoti il cielo e quel che vi è, in esso, di visibile e di narrabile. Reeves è oggi un vecchietto di novant'anni e più, di aspetto fiabesco come potreste immaginare un Santa Claus in carne, ossa e barba bianca. La sua lunga vita ha contato otto nipoti e ha collezionato realizzazioni e riconoscimenti. Una laurea in Fisica all'Université de Montréal, un Phd alla Cornell University e a neanche trent'anni l'affidamento della cattedra presso cui si era laureato, per poi passare alla Columbia University e all'Université libre de Bruxelles. Un percorso che non si limiterà all'insegnamento accademico ma che addirittura lo condurrà a ricoprire incarichi di enorme prestigio: Nel 1965 è nominato direttore del "CNRS" ("Centre national de la recherche scientifique") di Parigi nonché consulente scientifico del Commissariato per l'energia atomica a Saclay. Stesso impegno svolgerà presso lo "Institute for Space Studies" della NASA. Presso ogni istituzione scientifica svilupperà le sue avanzate ricerche sui processi termonucleari all'interno delle stelle e sull'origine di elementi leggeri come l'elio, litio *et alia*. Nel 1986 Seuil pubblica un libro di Reeves, il cui titolo promette una lettura comprensibile a tutti. L'uso della divulgazione, all'epoca, non sottintende una maniera troppo facile di spiegare la scienza, sicché l'autore non tradisce le attese. L'approccio è quello di un pensatore umanista il quale, nella medesima misura, è uno scienziato di livello e un ottimo educatore. I temi centrali riguardano il futuro della Terra e la sua memoria epocale. Persuaso della centralità della nozione di entropia, Reeves la applica all'Universo nel suo complesso e dimostran che l'incremento di tale fenomeno è stato valutato sullo 0,1% in valore relativo per 13 miliardi di anni.

E così tutte le fertili combinazioni di materia, l'attività nucleare delle stelle, il ronzio elettromagnetico delle nebulose, l'esuberanza biochimica dell'oceano primitivo, avrebbero il senso di prepararsi all'olocausto nucleare? La coscienza emergerebbe – tra quindici miliardi di anni – solo per essere eliminata in pochi minuti? Siamo i testimoni e gli attori di questo periodo storico in cui queste domande diventano decisive. Se abbiamo un ruolo da svolgere nell'Universo, esso contribuirà ad aiutare la natura a partorire da sola. L'intelligenza non è necessariamente un dono avvelenato. L'assurdo è ancora evitabile.

Quando uscì in lingua italiana *L'Universo spiegato ai miei nipoti*, Luca Fraioli andò a intervistare il noto astrofisico canadese (aveva appena dato il proprio nome a un asteroide): "L'ho scritto pensando ai miei nipoti: cosa desideravo raccontare loro di questo grande universo che continueranno ad abitare dopo di me? Come aiutarli a trasmettere a loro volta queste conoscenze? Loro mi pongono parecchie domande sul mio mestiere ma in questo caso il libro è nato delle conversazioni serali con una mia nipote quattordicenne, mentre, d'estate, guardavamo insieme il cielo stellato. I suoi interrogativi erano assai complessi: cosa c'era prima del big bang? Avrà fine l'Universo così come lo conosciamo? Che cosa è che fornisce energia al Sole? A loro volta i nipoti più piccini erano affascinati da temi diversi ma altrettanto intriganti per uno scienziato. Per esempio: cosa mi succede se finisco in un buco nero? Esistono gli extraterrestri?" E alla domanda del giornalista, di quale fosse uno dei misteri che lo scienziato vorrebbe un giorno svelato da quella sua nipote curiosa, il nonno dalla barba bianca non ha esitato a rispondere: "Ho la curiosità dei miei nipoti più piccoli e non sono riuscito a soddisfarla

in tanti anni di ricerca: siamo davvero soli nell'Universo?"
Forse questo non lo sapremo mai con certezza, Professor
Reeves.

6
ESULE

Un mattino d'inverno sentii nel profondo del cuore che il paese dov'ero nato non era più il mio. Non che fosse accaduto un evento particolarmente negativo, il problema era che non sapevo bene a chi appartenesse quella bizzarra nazione di cui ero cittadino. Di certo non era più mia. Di sicuro non ero più in grado di riconoscermi nei miei compatrioti. Ero ancora un italiano? Ero capace di adattarmi al carattere italiano? Del resto su questi medesimi dubbi si erano alambiccati avi celeberrimi. A delineare un profilo italico verosimile e preoccupante era stato, ad esempio, Giacomo Leopardi oltre 150 anni prima, e lo aveva fatto tanto mirabilmente da persuadermi appieno. Nell'introdurre il *Discorso sopra lo stato presente dei costumi degl'italiani* Alessandro Pertosa ha acutamente sottolineato in che misura risultassero affrettati quei lusinghieri giudizi che certi uomini di lettere europei avevano dedicato all'Italia e ai suoi abitanti. A quell'errata valutazione il grande poeta aveva con intelligenza contrapposto la cronica confusione culturale in cui versava il nostro territorio, nonché la sostanziale, irresolubile ignoranza delle genti che lo popolavano.

Le cause di tanta arretratezza- commenta Pertosa- andavano ricercate "nella struttura profonda della società italiana, manchevole di quella componente interna che Giacomo definisce *società stretta*, di cui sono invece dotate le altre società europee veramente civili.

" Pertosa additava quella classe inadempiente che indubbiamente era di alto lignaggio ma che presentava il difetto di non volersi applicare, per nessuna ragione, al fine di realizzare i bisogni secondari dell'esistenza, giacché dei loro primari si faceva carico una ricchezza maldestramente e ingiustamente ereditata. Insomma le classi alte rappresentavano una componente di assoluta fatiscenza, strutturalmente impedita a comporre una società costruita su valori positivi e condivisi. Ma il mio distacco non riguardava soltanto la sfera sociale. Vi era anche un'idea retorica della famiglia da cui mi sentivo lontanissimo. Ma non solo, in Italia come in Europa avvertivo sempre di più il delinearsi di una identità maschile profondamente perdente, nella quale non mi ritrovavo. Per circa un secolo, dall'Unità al decennio della contestazione giovanile, in quel genere di famiglia che tanto mi era alieno si era fatta ostentazione di un patriarcato oscillante tra l'operetta e il dramma biblico, per poi consegnare l'uomo, negli ultimi cinquant'anni, a un dominio materno e coniugale il cui primo e sacro fine sembra essere quello di annientare le figure del padre, del marito e persino del figlio maschio, tutte e tre relegate al penoso destino edipico di un viaggio senza ritorno da condurre in solitaria. Insomma, erano varie le ragioni per cui quel mattino non avvertii più alcun interesse riguardo alle carenze e ai difetti degli italiani.

Non mi riguardavano più. Viene pure il momento in cui si produce uno scatto virile e si pronuncia la frase definitiva: "Non me ne importa niente!" Riabbassate le reni, mi ero reso conto che quel preciso luogo che pure avevo creduto mio, dove erano nati i miei nonni e i miei genitori, dove avevo mosso i primi passi, ebbene quel posto non mi offriva più niente. Restarci con la testa mi sarebbe stato ormai impossibile. Ci avrei continuato a lavorare, non avrei smesso di guadagnare il mio, eppure ciò non aveva nulla a che vedere con l'appartenenza. Volevo accedere a un altro paesaggio del mondo, avvertivo il bisogno di specchiarmi in volti completamente sconosciuti, di salutare persone differenti da me, di sentire il soffio di una nuova speranza. Di far parte di quella leopardiana *società stretta* a cui regalare il mio piccolo contributo. Io sapevo stare al mondo, avevo cognizione di cosa fosse il rispetto, di come si potesse contribuire alla realizzazione di una civile convivenza e soprattutto non provavo alcun timore, nel caso fosse avvenuto un irreparabile distacco, di ricominciare da zero. Trascorsi settimane a percorrere un planisfero che neanche avevo dinanzi a me. Andavo regolandomi per esclusione. Sapevo quel che non desideravo, ossia un luogo anche vagamente somigliante a quello che avevo rifiutato. Volevo toccare con mano il punto di rottura di un asse da cui non riuscivo più a sollevare il mondo. Quel mondo che in me stesso era cambiato, che sentivo aderire al mio animo e che volevo andarmi a conquistare.

Quel luogo così distante e alieno dall'Italia, sarebbe stato il Canada. Quella città infinitamente diversa da Roma, sarebbe stata Vancouver. Nessuno mi aveva spinto in quella direzione. Quel primo viaggio da ventenne aveva costruito una memoria attiva ma quello era un tempo di sorprese e di candore. Ormai ero un uomo maturo, attivo, che aspirava a combinare la qualità con la quantità. Sicché ero in cerca di un paese vero. Visitavo Vancouver per la seconda volta e più la giravo senza bussola, più la mente si schiariva, tutto mi appariva umano e soprattutto alcun retro-pensiero mi disturbava. In fondo stavo trasformando il noto documentario *C'era una volta Vancouver* della serie Abc in un mio personalissimo *Ci sarà un giorno Vancouver*; e ogni luogo in cui mi imbattevo mi regalava emozioni che faticavo a dominare. Stavo adottando una città! E stava persino accadendo l'opposto! Qualche tormentosa riflessione, e il solito elenco di contro, non bastarono a farmi arretrare di un solo passo, tanto che l'anno dopo acquistai un appartamento in quella città di pieno avvenire, e talmente impressa nel futuro che quell'appartamento ancora non esisteva! Esso era su una carta, in un progetto immobiliare che mi colpì per la sua bellezza, in una precisa data di consegna che sarebbe stata violata di qualche mese. Cause principali del ritardo furono i concomitanti lavori in vista delle olimpiadi invernali del febbraio 2010. E qui è importante che apra una parentesi…

Quelli di Vancouver sarebbero stati i XXI Giochi olimpici invernali. Per la terza volta, dopo Montreal 1976 e Calgary 1988, nei cieli del Canada sarebbero tornati a sventolare i cinque cerchi. Secondo la tradizione, l'allora sindaco di Vancouver Sam Sullivan aveva ricevuto la bandiera olimpica dopo la cerimonia di chiusura dei Giochi del 2006. Seguii quel rituale in diretta televisiva e ne fui emozionato, perché a consegnargli il vessillo era stato Sergio Chiamparino, il sindaco di Torino. Vissi quel passaggio come una proiezione personale e simbolica. Persino i due slogan di Vancouver 2010 li feci miei: l'uno era "Glowing hearts" (Con i cuori ardenti"); l'altro, francofono, era "Des plus brillants exploits" ("Le più brillanti imprese"). Così, mentre a False Creek North si andava costruendo l'immobile che attendevo con ansia, a Southeast False Creek si innalzava il villaggio degli atleti. Ignoravo che in origine esso fosse stato progettato quale modello di comunità sostenibile; era un modo per ottenere un utile economico grazie alla successiva vendita degli alloggi a prezzo di mercato. Il problema fu che, nel 2005, la municipalità decise di non dare seguito a quelle disposizioni in materia di edilizia sovvenzionata a reddito medio e vendette i terreni a un imprenditore privato per 193 milioni di dollari. Ma non sarebbe finita lì, perché quello stesso imprenditore, insieme a una società d'investimento di sua fiducia, si ritirarono dall'impresa, obbligando la città a sopportarne le passività grazie a una legge speciale votata alla bisogna.

Quasi a seguire la gestazione del nascituro appartamento, mi recai a Vancouver almeno sei volte, dapprima ospitato e accolto dalle amiche Sandra e Fioretta, e nel luglio 2007, in un loft affittato tutto per me. L'antivigilia di Natale del 2008 fu il gran giorno. Salii al sesto piano del mio appartamento con le chiavi ben strette nel pugno.

Da quel passo tanto importante sono trascorsi parecchi anni. Con essi, giorni di sognate vacanze, viaggi da sud a nord, da ovest a est, incontri di lavoro e impegni ufficiali che mi hanno persino regalato l'onore di portare in più occasioni la parola del mio paese. Ogni tanto mi emozionavo dinanzi a certi segni di italianità: un'impresa sportiva orecchiata in TV, una notizia riferita da un amico, una frase udita mentre passeggiavo al porto. Per altri versi parecchie epifanie di condivisione nazionale mi infastidivano, com'era normale per chiunque si fosse chiuso, almeno simbolicamente, una porta alle spalle. Il "Vancouver Italian Cultural Center" rappresentava un luogo della memoria o dell'avvenire? Volenterosamente utile come centro di orientamento degli *appena sbarcati*, sentivo che a me occorreva quasi l'opposto, ossia una specie di ospite competente, in grado di comprendere i miei maturi talenti e di suggerirmi dove investirli al meglio. Piuttosto che cedere alla nostalgia, avrei preferito frequentare un circolo di affettuose guide autoctone pronte a parlarmi della *canadesit*à. Ma un club siffatto non esisteva. C'erano invece delle persone che molto avrebbero contribuito a orientarmi nella giusta via e a pormi serenamente alla visione e in ascolto di una città e di un popolo che ancora non conoscevo.

Un giorno mi cadde l'occhio sulla lista degli ambasciatori d'Italia in Canada. Tra essi il nome di un nobile di origini napoletane, Carlo De Ferrariis Salzano, rimandava a eventi drammatici. Il suo comportamento durante l'occupazione dell'Albania del 1939 gli era valso una croce al merito di guerra. Quattro anni dopo l'Italia si arrende e l'8 settembre1943, il nostro si trova a Budapest nelle funzioni di Primo Segretario di Legazione. L'Italia è divisa, da un lato l'Ammiraglio Pietro Badoglio, dall'altro il duce Benito Mussolini; da una parte il *governo dell'armistizio*, dall'altra i *saloisti* dell'Rsi. Nell'Ambasciata italiana in Ungheria le cose non vanno diversamente. Il capo-missioneAnfuso, si schiera senza dubbio alcuno con gli hitleriani. Dopo di che tocca a Ferrariis Salzano, nel cui animo probabilmente risaltano la lealtà alla corona e la sua formazione liberale. Insieme ad altri funzionari del suo medesimo coraggio, egli viene espulso a forza dall'Ambasciata. Inarreso, la ricostituisce in altra sede ma nel marzo del '44 deve arrendersi alla Gestapo. Consegnato alla vendetta repubblichina, Ferrariis Salzano evade dal carcere e riesce a riparare verso gli Appennini ove, grazie all'aiuto dei partigiani, viene messo in salvo. Un'esistenza, la sua, sbattuta ai venti in una nave priva di timone e abbandonata a se stessa. Una vicenda umana che sarà ripagata da una prestigiosa carriera diplomatica.

La mia Vancouver era comunque lontana da Ottawa, centro della diplomazia internazionale. Già, le distanze... Presto mi resi conto che osservare una cartina geografica non era la stessa cosa che tuffarvisi dentro. Una frase di Wisława Szymborska mi confortò:

> Qualunque cosa ne pensiamo, spaventati dalla sua immensità e dalla nostra impotenza di fronte a esso, amareggiati dalla sua indifferenza – qualunque cosa noi pensiamo dei suoi spazi attraversati dalle radiazioni delle stelle... – questo mondo è stupefacente.

Perché io in Canada ero arrivato per una casuale scelta di vita e i suoi spazi immensi mi andavano conquistando. Questa sorprendente emozione lasciava intatte, in me, le piccole nostalgie di chi si sentiva comunque tradito. Cos'era a suscitare nel mio animo un risentimento tanto acuto? Non una sconfitta, non una delusione. Rimproveravo ai miei connazionali, prima di tutto, la nostra storia. Su una sentenza così negativa pesava certamente il mio consueto eccesso di realismo. Ma cosa vi era da sfogliare, di meno convincente, dei nostri manuali di storia patria? Era la delusione che regolarmente provavo allorché, giunto al capitolo *Risorgimento*, mi affannavo a scorrere quell'eroico elenco di nomi che, tra loro, nulla avevano in comune a parte la loro cosiddetta *espressione geografica*. Li univa la *peninsularità*, che del resto sentivo come una condizione ibrida: né terraferma né isola, nell'impossibile coabitazione di culture e di nature che in nessun caso potevano riunirsi davvero. Una nazione senza figli, a cui la Francia aveva fatto da balia, perché l'Italia era diventata uno spazio d'interesse in funzione anti-austriaca. Eravamo nati *anti*, eravamo *anti-nati* e siamo spesso cresciuti contro qualcuno. Un nemico, immaginato o vero che fosse, da osteggiare, da combattere. Fondatori che fummo dell'*Unione Europea*, saremo amici e nemici di tutti. Dopo l'Unità, la nostra è una storia assai disinvolta di tradimenti e di cambi di alleanza che nulla avranno a che vedere con la brutale occupazione nazista, tanto che la si leggeva nei *Promessi Sposi* del Manzoni o nel *Sant'Ambrogio* di Giusti; per non parlare dei nostri pregiudizi anti-francesi... Lo sconforto per il dominio napoleonico sarà testimoniato nelle *Ultime lettere di Jacopo Ortis* di Ugo Foscolo; nell'*Adelchi* manzoniano l'ostilità verso l'altro Napoleone, il terzo, fu motivata ed evidente. E più di ogni altro testimone d'accusa, gli attacchi di Vittorio Alfieri al *Misogallo*, di cui Matteo Navone, in un'introduzione critica dell'opera, colse, tra l'altro "la condanna della Révolution come rovesciamento dell'ordine costituito, che ha conferito potere e autorità alla 'insana greggia ignava'."

Il senso della critica, e persino della rivalsa, può giustificarsi in qualsiasi modo, ma io non smettevo di leggerci una sorta di *inferiority complex*; sì perché da quei paesi e da quei popoli vi era molto da apprendere. E se noi italiani fossimo stati in grado di praticare la modestia, se non addirittura l'umiltà di osservazione prima di giudicare, le virtù avrebbero certamente superato i nostri stessi limiti attitudinali e culturali. Sono cresciuto in un paese dove poche cose andavano per il verso giusto, e la ragione di ciò era ovvia: erano i suoi abitanti a non collaborare responsabilmente per il bene comune.

Chiuso il ventennio fascista, l'Italia riuscì a comporre una forma di democrazia entro la quale potessero convivere due "religioni": la cattolica e la comunista. Tutto ciò avverrà nel corso di un conflitto il cui esito era già stato scritto a Yalta. Del resto fino all'inizio della guerra l'antifascismo era stato un fenomeno represso e sopito. Gli oppositori di

Mussolini erano attivi in clandestinità o all'estero, il che avrebbe prodotto parecchia teoria, poca pratica e alcuni martiri veri, come Giacomo Matteotti, Piero Gobetti, Giovanni Amendola e i fratelli Rosselli... In sostanza però i militanti antifascisti non intaccarono minimamente il complessivo favore popolare verso il regime.

Solo le criminose leggi razziali e la scellerata entrata in guerra convinsero molti italiani a rinnegare il fascismo. Ben presto l'esito del conflitto volse alla catastrofe e l'esercito del Reich occupò il territorio di un paese che pochi giorni prima gli era alleato. La lotta di liberazione funse da supporto al dispiegamento militare degli alleati anglo-americani e presentò aspetti umanamente e politicamente drammatici. I partigiani erano, per i fascisti, dei traditori della patria; i fascisti erano, per i partigiani, degli odiosi collaboranti con il nemico.

Quella stagione non conoscerà mai un passaggio epocale e nulla sarà affrontato come doveva: attraverso una ricerca storica sull'evidenza dei fatti, ovvero che il fascismo aveva trascinato l'Italia e gli italiani a una collettiva disfatta morale. Sarebbero seguiti un processo di riconciliazione e una pacificazione nazionale?

In realtà il paese non visse quel senso condiviso di colpa che avrebbe potuto assolvere ciascun italiano dalla propria scelleratezza, dalla pavidità e dall'inermità dimostrate durante diciassette anni di regime in tempo di pace. Per portare un esempio assai difforme, il silenzio del popolo tedesco e la sua onta rappresenteranno per un trentennio il segno di una nazione profondamente offesa da se stessa e di ciò dolorosamente consapevole.

Grazie di avermi accolto nel luogo della vergogna tedesca; lasciatemi lanciare un appello alla Memoria, che tutti i tedeschi delle generazioni d'oggi e domani prendano il compito di ricordare, quando gli ultimi superstiti della Shoah non ci saranno più.

Queste parole forti, Angela Merkel le pronuncerà a Dachau e le rivolgerà a ogni cittadino tedesco, lei compresa. Fare i conti con la storia non lo intendo soltanto come un esercizio di pura colpevolizzazione. Il ventennio fascista era stato un periodo di tragica complessità, che certamente non poteva esser liquidato con una lista di buoni e cattivi. Forse il nostro Paese ebbe troppa fretta di liquidare il suo passato per digerirlo di nascosto; e così gli italiani si limitarono all'impegno comune di riscrivere la loro storia, quella patria e quella personale. In quel fenomeno di *mimetismo* vanno inquadrati la nascita, lo sviluppo e il quarantennale dominio della Democrazia Cristiana.

Verso il 1943 cominciò a prendere forma un nucleo di cattolici che aderì al "Comitato di Liberazione Nazionale" e partecipò alla lotta partigiana. Nel loro programma vi era soprattutto una società imperniata sui valori della famiglia e su un'economia sociale e partecipata.

La Democrazia Cristiana si impose quale partito popolare e non classista, laico e cattolico allo stesso tempo, di matrice contadina e imprenditoriale, in favore del ceto medio e sostenuto a piene mani dagli aiuti americani del piano Marshall al fine di fortificare la presenza occidentale in un'area strategicamente cruciale. Alle elezioni del 1948 il partito conquistò la maggioranza assoluta dei seggi con il 48,51 dei votanti, il che accadeva dopo una campagna elettorale estenuante, trasudante una retorica convulsa, in un clima da fine del mondo, con le mura tappezzate di icone religiose, risorgimentali o staliniane. Una pazzia.

Per anni agì in Italia una propaganda anti-americana tanto assurda da trascurare due fattori storicamente determinati: il primo, che il contributo degli americani alla liberazione dell'Italia dal nazifascismo era stato decisivo; il secondo, che il piano Marshall era equivalso, in quattro anni, a 12 miliardi di dollari in aiuti (!), ripartiti tra tutte le nazioni europee (3 miliardi e 300 milioni al Regno Unito, 2 miliardi e 300 milioni alla Francia, un miliardo e mezzo alla Germania e un miliardo e 200 milioni all'Italia). In cambio la Democrazia Cristiana, destinata a gestire i fondi della ricostruzione e a governare per lungo tempo, lasciò agli apparati organizzativi del Partito Comunista Italiano l'egemonia nei campi della cultura, delle arti, della scuola, dei sindacati e in parte della magistratura. Come fossero due nazioni distinte. L'origine post-fascista dell'Italia democratica fu tale da non favorire una pacificazione tra gli italiani stessi. Il PCI era stato in grado formare una classe dirigente di eccellenza in cui si rispecchiava una componente sociale di *élite*. Era un'alta borghesia benestante, un ceto troppo ricco se confrontato con la maggioranza dei suoi rappresentati, ovvero con gli operai, con i sottoproletari, con i disoccupati. Questa agiatezza, con il passare del tempo, è cresciuta fino a risultare insopportabile dal punto di vista della moralità e della sobrietà dei comportamenti. Per evocare immagini utili, un *comunista in cashmere*, in barca a vela o in vacanza in un resort caraibico non denotava bene.

Questa irrisolta contraddizione fu messa alla berlina in una scena di un film francese, *La crise*: una scena che descriveva spietatamente i limiti reali della sinistra europea, di quella separazione tra forma etica e sostanza materiale che avrebbe causato, a destra, una brutale deriva di ignoranza e di volgarità. La scena è la seguente: in un salotto socialista *bon chic bon gens* si sta discutendo di immigrazione e di razzismo. Il padrone di casa chiede l'opinione di un francese assai più povero, che si trova in quella casa per lavoro.

"E lei Michou, cosa ne pensa?"

"Ah beh… Penso che è molto più facile essere contro il razzismo quando si abita a Neuilly che non quando si abita a Saint Denis! Io per esempio sono di Saint Denis e… beh, sono razzista! Cioè, voi vivete in questa casa e non siete razzisti per niente…"

"Francamente Michou, lei si considera un razzista?"

"Ah sì, francamente sì! Io con gli stranieri ci vivo insieme e non li posso soffrire."

"Ma insomma, che ne è del diritto alla diversità? Della tolleranza? Dell'ideale della Francia terra di asilo?"

"Boh… io che ne so che ne è… Non ne so niente io!"

"Ma è orrendo essere razzisti! È terribile. È immorale! "

"Beh sì ma uno mica può cambiare…"

"Quello che lei non capisce è che essere razzista non sistemerà i suoi problemi personali."

"Ah sì ma quello che capisco è che tre quarti del pianeta stanno nella merda e allora cercano di piazzarsi dove c'è meno merda, cioè qui da noi, e poi una volta qui, bisogna che qualcuno si stringe per fargli posto e farli sopravvivere, è ovvio…"

"Ecco, appunto!"

"Sì ma finora quelli che si sono stretti per fargli posto sono stati quelli di Saint Denis, mica quelli di Neuilly… E poi quelli di Saint Denis devono continuare a stringersi e devono continuare a sorridere perché se no è immorale, vero?"

Tanto per diradare ogni minimo dubbio, è evidente che Coline Serreau non avesse intenzione di fare dell'apologia del razzismo. Peraltro il film, con francese leggerezza, affronterà senza mezze misure una questione che da anni andava minando la credibilità della cultura progressista occidentale e che da tempo viene regolarmente taciuta: che le classi dirigenti e imprenditoriali andavano da oltre un decennio accollando ai meno abbienti i costi di accoglienza, di assistenza e di tolleranza che invece dovevano essere distribuiti nei quartieri e negli spazi di tutti, senza distinzione alcuna, così come accade in Canada. Pur se trovo banali quei giornalisti che, rivolgendosi all'intellettuale aperto all'immigrazione, gli chiedono: "E allora perché non li ospita lei?", so come tutti che molta sostanza di quella chiacchiera da salotto sta tutta in quella domanda sempre inevasa (e sempre con un atteggiamento di falso scalpore). E sento che oggi, nel considerare il populismo e il sovranismo quali fenomeni sorprendenti, non si fa della seria sociologia politica. La media e la piccola borghesia, il sottoproletariato urbano, le genti non istruite e i cosiddetti diseredati hanno progressivamente avvertito l'abbandono e poi il tradimento da parte dei loro storici rappresentanti. E infine hanno saltato il guado regalando il loro consenso a quelle formazioni politiche che, pur non risolvendo i problemi, almeno sfogano la loro rabbia propagandistica contro il nemico straniero. "Prima gli italiani!", "America First!" "Les Français d'abord!" suonano come slogan paradossali rispetto alla nostra esperienza.

Ecco ciò che resta di un popolo che forse un'identità non l'ha mai posseduta. La politica è talvolta lo specchio fedele di un carattere nazionale. Quello italico era ed è il carattere di un popolo inutilmente furbo, votato ad arrangiarsi a dispetto della serietà e del metodo altrui; di un popolo straordinario nell'affrontare gli stati di emergenza e nullo nel gestire le situazioni ordinarie; di gente rumorosa, che si culla in una intelligenza che certamente gli appartiene ma che spesso usa male, allo scopo di fregare il prossimo; di una nazione che ha storicamente presentato una classe imprenditoriale legata a doppio filo con il mondo politico e una magistratura che ha talvolta abusato dei suoi poteri senza quasi mai far quadrato attorno alle sue perle migliori, ai suoi eroi; di un paese, infine, dove è quasi sempre apparso impossibile svelare un qualunque mistero, dirimere una questione irrisolta, affrontare con unanime fermezza contesti di gravissima emergenza, fossero stati i sequestri di persona, le mafie, la delinquenza minorile, il traffico di droga, i racket della prostituzione... Mai più di quelli che i siciliani definiscono "pannicelli caldi"...

E allora, per mille motivi, non mi sentii più italiano o, a ripensarci, per una ragione sola. Perché avevo bisogno di un orizzonte di verità. Sì, insomma, cercavo risposte semplici a domande chiare. Un luogo dove su ogni faccenda non si montassero decine di versioni diverse, dove valesse una tesi soltanto e non quaranta antitesi campate in aria, dove si prendessero sul serio i fatti importanti e allegramente le piccole storie, e non viceversa. Un paese amato, rispettato e difeso dai suoi cittadini. Un paese in grado di riconoscere la sua bellezza, la sua storia, la sua cultura, la sua lingua d'origine. Per tutto ciò che non era e non sarebbe mai stato, un mattino d'inverno sentii nel profondo del cuore che il paese dov'ero nato non era più il mio.

7
LE QUEBEC!

My name is a Québec name but my name is a canadian name also. And that's the story of my name!

Pierre Elliott Trudeau

Un nuovo salto è necessario. Nel 1774 His Majesty Giorgio III, Re d'Inghilterra, emette "L'Acte de Québec" con cui va a definirsi il territorio canadese; al fine di ottenerne la lealtà, sono riconosciuti alcuni diritti della popolazione francese: su tutti, la religione cattolica, la lingua e il codice civile. Di conseguenza vengono anche assicurati i diritti dei proprietari terrieri, riammessi i cattolici ai pubblici uffici e ripristinati gli usi del diritto civile francese. Come primo effetto la Chiesa cattolica si riprenderà le scuole di ogni ordine e grado.

Dopo la capitolazione del 1760 dinanzi all'esercito britannico, Montréal era diventata una specie di cittadina della provincia francese, abitata da francesi per metà scontrosi e per metà depressi. Una città sotto occupazione, senza che nemmeno vi fosse un Maresciallo Pétain a simulare un po' di orgoglio nazionale. Assai più benestante era la minoranza inglese che vi abitava; a ciò si aggiungeva la mortificazione delle insegne, dei giornali e dei manifesti che, sempre di più, venivano affissi e distribuiti nella lingua dell'occupante. Ma la storia dà e restituisce. E in questo caso lo farà prestissimo.

Il 27 giugno 1775, in piena guerra d'indipendenza americana, il Congresso continentale ordina un'offensiva verso il Canada. Lo fa per sfruttare a suo agio il rancore della popolazione francese nei confronti del dominio britannico. Quasi a inaugurare quella particolare attitudine che farà degli americani un popolo coraggioso, battagliero ma conflittualmente caotico, il calcolo non sarebbe risultato esatto; nonostante l'ottimismo dell'incursore e la debolezza dell'esercito britannico, la stessa maggioranza francese, tranquillizzata e soddisfatta dal "Quebec Act", non prende le parti dei rivoluzionari ma si rannicchia in difesa del proprio recinto. Resta lettera morta persino un appello alla liberazione del Québec firmato il 29 maggio 1775 da John Jay e indirizzato in due lingue alla popolazione. Vale davvero la pena riportarne i brani più significativi...

"AUX HABITANTS OPPRIMÉS DE LA PROVINCE DE QUÉBEC.

Nos amis et compatriotes,
LES desseins formés par un ministre arbitraire pour extirper la liberté et les droits de toute l'Amérique, nous ayant alarmés; un pressentiment du danger commun se joignant aux mouvements de l'humanité, fit que nous vous engageâmes par notre précédente adresse à prêter votre attention à ce sujet de la dernière importance.
DEPUIS la conclusion de la dernière guerre, nous vous avons considérés avec satisfaction comme sujets du même prince que nous: et depuis le commencement du plan actuellement en exécution pour subjuguer ce continent, nous n'avons vu en vous que nos compagnons de souffrance. — La divine bonté d'un Créateur indulgent nous ayant donné à tous un droit à la liberté, et étant tous également voués à une ruine commune par les cruels édits d'une administration despotique, il nous a paru que

le sort des colonies protestantes et catholiques était étroitement lié ensemble et conséquemment nous vous invitâmes à vous unir avec nous dans la résolution d'être libres et à rejeter avec dédain les fers de l'esclavage, malgré l'artifice qu'on aurait employé pour les polir.

QUANT à nous nous sommes déterminés à vivre libres ou à mourir, et nous sommes résolus que la postérité n'aura jamais à nous reprocher d'avoir mis au monde une race d'esclaves.

PERMETTEZ que nous vous répétions encore une fois que nous sommes vos amis et non vos ennemis, et ne vous laissez point en imposer par ceux qui peuvent tâcher de faire naître des animosités entre nous.

COMME l'intérêt que nous prenons à votre prospérité nous donne un titre à votre amitié, nous présumons que vous ne voudriez point en nous faisant injure nous réduire à la triste nécessité de vous traiter en ennemis.

Nous conservons encore quelque espérance que vous vous joindrez à nous pour la défense de notre liberté mutuelle et il y a encore raison de croire que si nous nous joignons pour implorer l'attention de notre souverain aux oppressions inouïes et injustes de ses sujets américains, il sera enfin détrompé et défendra à un ministère licencieux de continuer d'exercer désormais les violences sur les ruines du genre humain."

Il tutto viene rispedito al mittente e la guerra prosegue il suo corso, giungendo a un inevitabile epilogo. Nel settembre 1775 il generale Richard Montgomery prende ad avanzare verso Montréal nel mentre un altro generale assai più imprudente, Benedict Arnold, sta conducendo il suo corpo d'armata fino a Québec. Pagherà un prezzo rovinoso in termini di vite umane.

Guidati dal saggio generale Carleton, l'esercito inglese riesce a guadagnare tempo. L'inverno arriva e lo stato della guerra si ribalta: gli inglesi respingono uno sconsiderato attacco americano durante una violentissima tempesta. Al resto penseranno le diserzioni dei soldati e il vaiolo. L'assedio terminerà l'anno seguente, a primavera inoltrata.

Non avendo la minima intenzione di separarsi dalla Corona britannica, i coloni inglesi si installeranno in Ontario, a ovest; ai francofoni spetteranno i territori orientali e il tutto sarà legalizzato dal "Constitutional Act" del 1791: la provincia del Québec viene suddivisa tra Alto Canada anglofono e Basso Canada francofono. Sarà il primo passo verso un riconoscimento politico nonché l'inizio di una faticosa traversata del deserto.

Tale sarà il XIX secolo dei *nouveaux français*. Un Parlamento iniquamente a trazione inglese, un "Parti Canadien" vessato nei suoi diritti di rappresentanza, una diminuzione nei commerci e nell'agibilità dei territori, una censura periodica dei giornali. Non per altro il partito stesso muterà nome divenendo quel "Parti Patriote" che nel 1837 tenterà una via rivoluzionaria con la sua "Carta dei Diritti dell'Uomo e del Cittadino" e una susseguente "Dichiarazione di Indipendenza" soffocata nel sangue. Quando si tratta di essere pessimi coloni, gli inglesi non sono secondi a nessuno, sicché reagiscono con un Atto, cosiddetto dell'Unione, che sottometterà a lungo i cugini francofoni.

Per comprendere come si era giunti a tutto questo, basterebbe leggere il *Report on the Affairs of British North America* di Sir John Lambton, Conte di Durham, il quale, nel 1837, era stato chiamato a sé dal Primo Ministro William Lamb, Visconte di Melbourne: gli viene affidata una missione nelle province canadesi in piena crisi. Dapprima Lambton declina l'invito; poco dopo le preoccupanti rivolte canadesi lo inducono a ripensarci ma a pretendere pieni poteri. Nella primavera dell'anno seguente il Conte sbarca in

Québec, giusto in tempo per affrontare una prima questione assai scabrosa: il destino dei 161 rivoltosi in attesa di processo. In tale frangente Lambton dimostra grande saggezza politica e persuade i ribelli più carismatici ad accettare l'esilio in cambio di un'ammissione di colpa. Tutti alle Bermuda e soprattutto nessuna esecuzione capitale. O almeno in Canada, visto che ai rivoltosi riparati negli Stati Uniti la pena di morte toccherà eccome! Ma piovono critiche, giungono da Londra esercizi di moralismo. Costringono il Conte a dimettersi, decisione ottusa, considerata l'emergenza politica. Eppure l'emissario rinnegato non fa una piega e nel gennaio del 1839 divulga il suo *Report*, in cui suggerisce la posa di un "governo responsabile" e l'unificazione delle provincie. L'*Acte d'Union* imposto da Londra stabilisce che i "Canadiens" siano assimilati alla popolazione inglese e che l'*Upper Canada* si fondi con il *Bas Canada* francofono. Ciò nonostante i numeri: pur essendo il Basso Canada più popoloso dell'Alto Canada, le loro rappresentanze parlamentari verranno iniquamente equiparate e i *Canadiens* messi regolarmente in minoranza.

L'Ottocento quebecchese narrerà di una provincia arretrata, coattamente chiusa in sé. Eppure in quel medesimo secolo la sua Capitale di adozione sarà il centro del benessere, della cultura, dell'immagine e del futuro del mondo. Così la racconterà Walter Benjamin nel suo meraviglioso *Parigi, Capitale del XIX secolo...*

"Il commercio e il traffico sono le componenti della strada. All'interno dei passages, la seconda componente è venuta meno; allora il traffico è rudimentale. Il *passage* è soltanto strada sensuale del commercio fatta solo per risvegliare il desiderio. Poiché in questa strada le linfe vitali ristagnano, le merci proliferano ai suoi bordi, intrecciandosi in relazioni fantastiche come i tessuti di una ferita che non si rimargina. Il *flâneur* sabota il traffico. Egli non è acquirente. È merce. Con l'insorgere dei grandi magazzini, per la prima volta nella storia, i consumatori cominciano a sentirsi massa. Prima era solo il bisogno a istruirli in questo senso. Cresce pertanto in modo straordinario l'elemento circense e spettacolare del commercio. Con la produzione di articoli di massa, nasce il concetto di specialità."

E ancora…

La moda va dietro a tutto: come per la nuova musica sinfonica, così appaiono programmi anche per gli abiti mondani. Nel 1901 Victor Prouvé espone a Parigi un'elegante toilette dal titolo Rive fluviali in primavera. Cachet della moda di allora: alludere a un corpo che non conoscerà mai nudità completa…

A metà del Novecento un vero e proprio sommovimento epocale condurrà il Québec dalla Grande Depressione verso un decennio che muterà completamente gli orizzonti di una provincia ripensata sul modello *Nouveau Canada*. Verrà chiamata "Révolution Tranquille", e rappresenterà il compimento delle attese di una maggioranza silenziosa. Nel volgere di pochi anni cambia quasi tutto: la provincia del Québec assume una configurazione enormemente più autonoma sul piano socio-economico rispetto al potere centrale: viene creato il "Ministère de l'Éducation, des polyvalentes, des cégeps et du réseau de l'Université du Québec" e il sistema scolastico viene uniformato a principi di laicizzazione; vengono inoltre battezzati il "Ministère des Affaires culturelles" e un apposito Ufficio di Rappresentanza diplomatica; nell'aderire al programma federale, la Sanità diviene pubblica e gratuita per alcune fasce di popolazione; fornitore quasi monopolista di elettricità diventa la "Hydro-Québec", che assorbe alcuni fornitori privati; si fondono tra loro la "Caisse de dépôt et placement du Québec" e la "Société générale de financement".

E finalmente fanno la loro apparizione i Diritti delle Donne!

"La femme mariée a la pleine capacité juridique, quant à ses droits civils, sous la seule réserve des restrictions découlant du régime matrimonial."

È ancora uno statuto antico, secondo cui il marito espleta la sua facoltà pregiudiziale sull'amministrazione e sulla residenza del nucleo famigliare, inoltre esercitando un'esclusiva autorità sui figli. In questo specifico caso, la madre esercita un ruolo supplente, mentre nell'amministrazione funge da "socio". Tali norme, imbarazzanti persino da trascrivere, verranno cancellate con un colpo di spugna nel 1977, allorché il legislatore abolirà una serie di condizioni quali: dovere d'obbedienza al marito; dovere di chiedere al coniuge l'autorizzazione a lavorare; limitato godimento di beni dalla moglie medesima acquistati. Non è che in Italia, fino alla metà degli anni Sessanta, le relazioni tra coniugi fossero regolate con equilibrio...

Chiesa Cattolica
A Montréal, dove ritorno sempre,
scena delle strade ripide che sostengono
le romantiche accademie
dell'arte poetica canadese
in cui ho svolto il mio apprendistato,
sede della mia famiglia,
vecchio come gli indiani,
più potente degli anziani di Sion,
gli ultimi mercanti a prendere il sangue
seriamente.

A descriversi così, con la sua inimitabile prosa poetica, era il Leonard Cohen di trent'anni fa. Un fiocco di neve smaltato di bianco con una foglia d'acero disegnata nel medaglione centrale rappresenta l'insegna della più alta onorificenza concessa nel paese. A Cohen spettò il titolo prestigioso di "Compagno dell'Ordine del Canada", che la Regina Elisabetta aveva istituito per il primo centenario della nascita del Paese. Ma non basta: nel 2008 il grande poeta canadese sarà anche insignito del titolo di "Grand'Ufficiale dell'Ordine del Québec". Parrà strano, eppure Cohen non è mai stato, come la vulgata critica si ostinerà a descriverlo, un rivoluzionario acritico. Ma nemmeno era un conformista, e una vita d'impegno per le libertà civili del suo paese è stata a dimostrarlo. Nel 1992 aveva pubblicato un album la cui canzone omonima sarà tradotta e ripresa, dopo vent'anni, da Francesco De Gregori. *The Future* era un capolavoro.

> Vedremo forte e chiaro nella nostra civiltà
> La privacy tra poco esploderà
> Ci saranno fuochi accesi nella via
> Ed un bianco ballerino
> Vedrai una donna appesa a testa in giù
> La faccia non si riconosce più
> I giovani poeti tutti intorno
> Fare il verso all'assassino
> Rendimi Berlino il muro
> Stalin con il suo rosario
> Dammi Cristo e dammi il suo calvario
> Uccidi un'altra vita
> Perfeziona il tuo lavoro
> Il futuro l'ho veduto
> È tutto nero
> E tutto tutto sta per perdersi nel tutto
> E niente niente si può misurare più
> E il brutto tempo bussa alla finestra
> E la tempesta non la puoi fermare tu.

Per un retrogusto di moralismo, Francesco De Gregori omette di tradurre e di cantare in italiano qualche verso anti-abortista ("Destroy another fetus now / We don't like children anyhow / I've seen the future, baby / it is murder")... Sempre coerente, nel 1971 in *Diamonds in the mine* aveva scritto: "And the only man of energy / yes the revolution's pride / He trained a hundred women / just to kill an unborn child."

La sua fede non la dimentica, anzi si dichiara felice di praticarla, di Shabbat riposa regolarmente e si esibisce per i soldati nei giorni della guerra arabo-israeliana del 1973. Allora perché mi sto soffermando su Leonard Cohen? È chiaro: perché egli incarna la complessità del quebecchese novecentesco. È un artista, ha girato il mondo e il mondo intero lo conosce, prende posizioni etiche completamente scomode e inattuali, è contro i poteri più forti e meno visibili. Infine, nato francofono, esporta quella lunga tradizione dei cantautori *engagés* in seno alla lingua inglese e diviene un esempio fulgido del miglior biculturalismo che si potesse immaginare nel nord del continente americano.

Mi sto addentrando in una disamina ben diversa da una realtà politica attorno a cui hanno giocato delle strategie contrapposte e quasi incomprensibili. Un sentiero tortuoso che verrà intrapreso nel 1976, allorché il "Parti Québécois" ottiene la maggioranza all'*Assemblée Nationale* (il Parlamento della Provincia) e quindi l'incarico di formare un governo. Quella vittoria è accolta con gioia da parte di numerosi quebecchesi di lingua francese ma allo stesso tempo atterrisce quella parte consistente di popolazione anglofona che nella provincia ha investito. Un italiano conosce perfettamente tali dinamiche (le vive da mezzo secolo a questa parte...), quando cioè le incertezze politiche e istituzionali frenano la fiducia internazionale nell'economia di un paese. In Québec avvenne più o meno questo. La promessa di un referendum sull'indipendenza da parte del Primo Ministro Réne Lévesque sarà causa di una clamorosa accelerazione migratoria in direzione Ontario. In quella rischiosa contingenza, la vitalità, la modernità e la stabilità politica di Toronto valevano la promessa di un futuro più sereno e più produttivo.

Lévesque era un sincero indipendentista ma non un populista dissennato. Il suo PQ ammiccava piuttosto a un radicalismo nazionalista in grado di interpretare, persino con moderazione, non già un concreto bisogno ma la sua espressione da parte delle genti quebecchesi. L'attesa della secessione insomma non era una tragedia politica in atto (come per l'Irlanda del Nord e per i Paesi Baschi, per intenderci), bensì rappresentava uno psicodramma nel corso del quale andranno in scena un metodo d'azione e una forma di psicoterapia, in cui i partecipanti esploreranno emozioni e vissuti personali attraverso la drammatizzazione teatrale, il che è del tutto assimilabile all'esempio catalano.

Tra l'altro non è che il primo governo a trazione PQ produrrà soltanto slogan... Senza che venisse discussa l'integrità territoriale, esso riconoscerà il diritto delle popolazioni autoctone ad autodeterminarsi; adotterà la storica "Charte de la langue française", con cui la lingua madre diventava l'unica lingua ufficiale della provincia, riforma per nulla simbolica, bensì volta a favorire l'accesso dei francofoni – l'85% della popolazione – alle funzioni di responsabilità nell'amministrazione, nella politica nazionale e negli affari. Le conseguenti restrizioni in materia di scolarità deluderanno la vasta comunità italiana, la cui ultima generazione di immigrati sarà costretta a rinunciare a un'istruzione in inglese, ossia nella lingua che con il tempo, com'era naturale che fosse, era diventata sempre più importante, soprattutto in ogni campo di relazione con tutto il continente americano.

E comunque la storia narra che nel dicembre 1979 il referendum fu indetto ufficialmente. Se fossero prevalsi i Sì, il governo Lévesque avrebbe avuto mandato a negoziare una nuova forma costituzionale per il Canada. Fu una campagna senza esclusione di colpi. Se ne dettero Claude Ryan, leader liberale e supporter del No, e lo stesso Lévesque. Si provocarono e si insultarono le une e le altre e viceversa, neofemministe contro conservatrici. Non mancò di metterci del suo Pierre Elliott Trudeau, con un retorico colpo da maestro alla "Paul Sauvé Arena": "My name is a Québec name but my name is a canadian name also. And that's the story of my name!" Non si sa fino a che punto queste due perfette frasi del Premier incisero sul risultato della consultazione. Sarebbero rimasti i numeri: il milione 485 mila e 851 Sì e i due milioni 187 mila 991 No. Il 59,56% di quei No valevano una vittoria schiacciante nei confronti di un avvenire abbastanza incerto. Spezzare in due il Canada? No! Fu la risposta di 3 quinti dei quebecchesi.

Eppure quei 2 quinti di popolo andavano considerati e rispettati. Anche per questo, probabilmente, il 17 aprile del 1982 veniva promulgato il "Canadian Act" ("Loi de 1982 sur le Canada"). Era un composto di leggi molto atteso. Commenterà molti anni dopo la scrittrice Christa Couture:

> Nel 1982 il Canada "rimpatriò" la Costituzione, un processo politico che contribuì alla conquista della sovranità canadese. Esso consentiva a noi canadesi di modificare la Costituzione

senza che ciò dipendesse dall'approvazione della Gran Bretagna. Grazie a quell'evento fondamentale che fu il *Constitution
Act* del 1982, fu promulgata la nostra *Carta canadese dei diritti e
delle libertà*. Sì, questa dichiarazione di indipendenza ebbe luogo negli anni Ottanta, fu nel 1982 che il *"Dominion Day"*, del
1° luglio sarà ridefinito dal Parlamento quale *"Canada Day"*.

Il 17 aprile di quell'anno Queen Elizabeth firmò la procla-
mazione del rimpatrio della Costituzione canadese. Dopo
di lei, identica cosa fece Pierre Trudeau. Ma se proprio ci si
volesse riferire alle *tecnicalità*, varrebbe leggere ancora la
Couture: "Lo stesso *Constitution Act* aveva ridefinito un bel
po' di affari incompiuti dallo 'Statute of Westminster' del
1931, con cui la Gran Bretagna aveva concesso a ciascuno
dei *Dominion* la piena autonomia legale se solo avessero
deciso di accettarla. Tutti tranne uno, che poi eravamo noi,
il Canada – che invece abbiamo scelto di accettare ogni risoluzione. Il problema era che i nostri leader non potevano
decidere come emendare la Costituzione, quindi il potere
era rimasto nella mani della Gran Bretagna fino al 1982."

Di Richard Bedford Bennett, Premier canadese tra il 1930
e il 1935, non sono riesumabili molte tracce biografiche. Di
lui si sa che si era laureato alla "Dalhousie", una piccola
università della Nova Scotia, e che rimase in Massoneria
dal 1896 sino all'ultimo fatidico respiro, esalato il 26 giugno del 1947. Per il "Grand Lodge of British Columbia and
Yukon", nel suo caso l'annuario più attendibile, Bennett
era un avvocato ed era persino un Visconte. Il suo primo
discorso alla radio, rimasto agli annali, ben delinea la sua
cautela politica:

> Ai canadesi non occorre mai nascondere fatti spiacevoli. La
> gente che abita questo paese è nata ottimista, ma è anche nata
> realista. I canadesi domandano la verità, per quanto inquietante
> essa possa apparire loro. E la verità è inquietante. Il mondo sta

vivendo circostanze tragiche. I segnali di ripresa sono pochi e dubbi. I segnali negativi sono molti e non tendono a diminuire. Questo nostro mondo sta pateticamente cercando sicurezza e prosperità. Le troverà soltanto quando ogni nazione deciderà di rigenerarsi e di trovare un punto d'incontro con tutte le altre, e ciò nel giusto spirito per cui si è tutti consapevoli del fatto che persino il più potente Stato della Terra non gode di una reale indipendenza economica.

Un eccellente imbonitore. Di sostanza ce n'era molta meno. Quell'omissione costerà al Canada un postumo rimpatrio e a Trudeau la fatica di trattare, una ad una, con le dieci province canadesi. Erano negoziati che non promettevano bene, sicché il premier confidò in una decisione unilaterale del Parlamento federale. La Corte Suprema divagò e risolse il tutto con l'attesa che un livello sostanziale di consenso fosse espresso dalle stesse province. Alla fine Trudeau ne convinse nove. Tranne il Québec. Per quale ragione l'ex *Nouvelle France* non avesse aderito all'intesa, è difficile da dire. L'ipotesi più probabile è che si trattava di una posizione politica: tenersi un pertugio di negoziato in vista di altre pretese di autonomia o di secessione. Negli anni successivi due furono i tentativi di includere il Quebec nella Costituzione. A cavallo tra gli Ottanta e i Novanta vi fu il fallimento dell'*Accordo del Lago Meech*, così chiamato perché lì gli incontri con i premier delle Provincie ebbero luogo, a Gatineau, nella residenza secondaria del Primo Ministro Brian Mulroney. La proposta di un impegno comune era stata fissata in 5 punti: che il Québec venisse riconosciuto come "società distinta" in seno al Canada; che il diritto di veto delle provincie sulle modifiche alla Costituzione venisse ampliato; che si allargassero le competenze provinciali in materia di immigrazione; che ogni provincia, nel caso avesse scelto di non partecipare a un programma federale, avrebbe ottenuto una compensazione finanziaria; che al governo federale corresse l'obbligo di consultare le provincie per le nomine al Senato e alla Corte Suprema. Il quadro riformatore fallì per una serie di veti incrociati tra i governi del Manitoba, di Terranova e del Labrador.

L'accordo di Charlottetown del 1992 fu il secondo fallimento, in sequenza, del tentativo federale di ricomporre la sempre più crescente frattura con il Québec. Vi era nell'accordo una "clausola Canada", che addirittura si peritava di illustrare le qualità nazionali, civiche e identitarie della popolazione canadese: l'egualitarismo, la diversità e il riconoscimento di società distinte qual era il Québec. Con ciò venivano riveduti i criteri di elezione e di composizione della Corte Suprema, i cui membri dovevano essere quebecchesi nella misura di un terzo. Tra le altre proposte, la proporzionalità degli eletti alla Camera dei Comuni sarebbe stata garantita, mentre al Senato il Québec non avrebbe mai potuto avere meno di un quarto dei seggi. Dopo un inizio di campagna elettorale che pure aveva riscontrato un accordo generale dal Pacifico all'Atlantico, tutto prese a naufragare come una tempesta annunciata. E tutto, infine, naufragò.

Trascorsero tre anni, ovvero mille giorni di campagna elettorale (perché non è che queste anomalie accadano soltanto in Italia…). Ogni fatto, ogni discussione e ogni polemica erano usate per parlare alla pancia dei quebecchesi, per renderli protagonisti di una grande rivincita. E dopo quei tre anni, a cinque milioni e 87 mila quebecchesi fu posta la seguente domanda (in due lingue):

> Acceptez-vous que le Québec devienne souverain, après avoir offert formellement au Canada un nouveau partenariat économique et politique, dans le cadre du projet de loi sur l'avenir du Québec et de l'entente signée le 12 juin 1995?

Do you agree that Quebec should become sovereign after having made a formal offer to Canada for a new economic and political partnership within the scope of the bill respecting the future of Quebec and of the agreement signed on June 12, 1995?

Il quesito aveva suscitato aspre polemiche. Per alcuni era confuso, ad altri sembrò essere una domanda appesa a un vaticinio, a ciò che non esisteva nemmeno! A distanza di un lustro, da parte dei proponenti, fu un disastroso errore di calcolo. Di certo quella notte di fine ottobre resterà indimenticabile per milioni e milioni di canadesi. L'intero mondo assistette a uno spettacolo di straordinaria civiltà. A un atto unico di democrazia compiuta. Che ciò stesse avvenendo in Canada, avrebbe comunque rappresentato, forse per sempre, il momento più simbolico di un paese che si era mostrato unito anche nelle sue profonde divisioni. E quel sostanziale pareggio tra due idee totalmente diverse di Nazione valse quale definitiva generazione di un popolo.

Quando era una studentessa universitaria presso il Dipartimento di giornalismo di Concordia, Tania Krywiak, ora giornalista di "CTV Montreal News", scrisse una tesina sul referendum del Quebec del 1995 e dedicò una piccola inchiesta ai sostenitori del Sì.

"Abitavo nella North Shore di Montreal, per cui seguii l'itinerario verso Blainville. All'epoca, il membro del "Parti Québécois" dell'Assemblée Nationale era Céline Signori. Il suo quartier generale era in un bar. Il mio piano era di andare lì, parlare con un po' di persone, farmi un'idea dell'atmosfera e raccontare la mia storia.
Stando in un bar, la gente beveva. Ma non è che salissero i toni, piuttosto quella si stava trasformando in una notte molto intensa ed emozionante per tutti. Ero seduta lì a seguire i risultati che via via arrivavano, e pensavo: "Potremmo davvero distruggere il nostro paese. Cosa significherà questo? Rimarrò in un Quebec

separato?" Ero preoccupata per il mio futuro. Il margine di distanza tra i due blocchi era così stretto… Forse la mia espressione mi tradì visto che un signore mi disse all'orecchio: "Se fossi in te, me ne andrei adesso". Ad essere onesta ero un po' spaventata ma mi ripetevo: "Questo è il tuo compito e devi portarlo a termine. E poi insomma, tutti abbiamo diritto alla nostra opinione!"

Quella gente in realtà mi trasmetteva il suo diritto a esistere. Uno mi disse: "Siamo pronti per questo, vogliamo questo e abbiamo combattuto molto tempo per questo. La cultura francese è importante per noi e vogliamo essere in grado di prendercene cura. Vogliamo essere un paese indipendente!"

Sono rimasta fino alla fine, fino il discorso di Jacques Parizeau: "Soldi e voto etnico". Quando tutto era finito, sono corsa alla macchina guardandomi un po' le spalle. Occuparmi del referendum da giornalista debuttante mi aveva insegnato che non mi sarebbe stato sempre facile essere obiettiva. "In fondo – pensai – siamo giornalisti ma siamo anche esseri umani!"

Quell'incarico non mi aveva scoraggiata. Era stato un impegno difficile, ma era stato bello e utile sapere cosa stesse succedendo e ritrovarmi al centro di un evento. Era solo un'ulteriore indicazione, per me, del fatto che volessi diventare una giornalista."

Vinsero i No dunque. Prevalsero di nuovo sebbene, in quell'occasione, per una manciata di voti. In due milioni 362 mila e 648 avevano barrato la casella del NO. In 2 milioni 308 mila e 360 avevano votato SÌ. Si fossero spostate 27 mila e 145 preferenze, sarebbe cambiato il destino del Canada? Non è dato saperlo. Di sicuro il secondo referendum sulla sovranità del Québec avrebbe chiuso un'epoca di forti contrasti e, storicamente, avrebbe anche chiuso la bocca del Generale Charles André Joseph Marie de Gaulle, che il 24 luglio del 1967 aveva licenziato dal balcone del Municipio di Montréal un discorso clamoroso e dissennato in egual misura.

"Ma mi vedete attraversare l'Atlantico per andare a una fiera?" Questa la domanda che De Gaulle rivolge ad Alain

Peyrefitte prima di compiere la sua visita di Stato in Canada. A Montréal si inaugurava l'Expo Universale "Terre des Hommes" ma al Generalissimo l'evento interessava quasi nulla; piuttosto gli premevano i bagni di folla; voleva passeggiare per le città, sentire l'umore di quelle genti. Per questo suo desiderio, pur di non atterrare all'aeroporto di Ottawa, affronterà una lunga navigazione approdando all'Anse au Foulon, il tempo di godersi le acclamazioni di mezzo milione di quebecchesi lungo lo Chemin de Roy. A Samuel Johnson, Primo Ministro del Québec, rivolge un indirizzo di saluto che sembra scritto da un *Immortel de l'Académie Française.*

Ne "Le relazioni tra Francia e Québec dalla Nouvelle France ai giorni nostri", una ricerca di Anna Covallero, il caso de Gaulle viene approfondito con accuratezza. L'autrice sottolinea che il rifiuto di seguire un atteggiamento di prudenza da parte del Generale era, in fondo, conseguente ai difficili rapporti franco-canadesi: gli esperimenti nucleari, la guerra d'Algeria, le relazioni non poco utili con la Gran Bretagna, fino al veto francese sull'ingresso nella UE dell'Inghilterra, giudicata quale "Cavallo di Troia" degli Stati Uniti in Europa. Perciò, il presidente francese non si preoccupava né di infastidire la Confederazione canadese, né di pregiudicare le relazioni con la Gran Bretagna.

"Noi non andremo a festeggiare a Montréal, nel 1967, il centenario della Confederazione Canadese, come vorrebbero gli inglesi del Canada e i federalisti. Se noi ci andiamo, sarà per festeggiare duecento anni di fedeltà dei franco-canadesi alla Francia." Poteva suonare come una sparata a effetto. Del resto i toni dei previsti interventi che de Gaulle aveva anticipato ai rappresentanti del paese ospitante erano sembrati del tutto rassicuranti. Così non sarebbe andata. Scrive Covallero "Durante la sua traversata dell'oceano

Atlantico sul Colbert, secondo la confidenza fatta dall'ammiraglio Jean Philippon a Peyrefitte, de Gaulle gli aveva domandato: "Cosa direste se gridassi loro: "Vive le Québec libre!", e aveva aggiunto che l'enunciazione di quella frase sarebbe dipesa dall'atmosfera. Ciò dimostrava che il generale, durante il viaggio per arrivare in Québec, stava preparando il discorso, e dunque il suo *Vive le Québec libre!* non sarebbe stato così improvvisato…"

Non lo fu per nulla. Dinanzi a circa ventimila persone plaudenti, egli disse:

È un'immensa emozione che riempie il mio cuore, vedere davanti a me la città di Montréal. Francese!

A nome del vecchio paese, a nome della Francia, vi saluto di tutto cuore. Vi confiderò un segreto che voi non racconterete. Questa sera, e durante tutto il mio tragitto, mi trovavo in un'atmosfera simile a quella della Liberazione. Oltre a questo, ho constatato quale immenso impegno di progresso, di sviluppo, e di conseguente affrancamento state compiendo qui ed è a Montréal che bisogna che io lo dica, perché, se c'è al mondo una città esemplare per i suoi successi moderni, è la vostra. Io dico che è la vostra e mi permetto di aggiungere che è la nostra.

Se voi sapeste quale fiducia la Francia, ridestata dopo immense prove, ha ora verso di voi, se voi sapeste quale affetto essa ricominci a sentire per i Francesi del Canada e se voi sapeste a qual punto essa si senta obbligata a concorrere alla vostro cammino in avanti, al vostro progresso! È per questo motivo che essa ha concluso con il governo del Québec, con quello del mio amico Johnson, degli accordi, affinché i Francesi da una parte e dall'altra dell'Atlantico lavorino insieme a una stessa opera francese. E, d'altronde, i contributi che la Francia, sempre più, offrirà qui, essa sa bene che voi li renderete, perché voi state costituendo delle élite, delle fabbriche, delle imprese, dei laboratori, che stupiranno tutti e che, un giorno, ne sono sicuro, vi permetteranno di aiutare la Francia.

Ecco ciò che sono venuto a dirvi questa sera aggiungendo che porto con me da questa incredibile riunione di Montréal un ricordo indimenticabile.

La Francia intera sa, vede, capisce, ciò che succede qui e posso dirvi che, per questo, essa sarà migliore.
Viva Montréal! Viva il Québec!
Viva il Québec libero!
Viva il Canada francese! E viva la Francia!

"Non andrò in Québec per fare del turismo. Se ci vado, sarà per fare la storia!" aveva sentenziato con tutta la vanagloria di cui era capace. Ebbene la sola storia che de Gaulle scriverà in quei giorni sarà quella di un enorme abbaglio politico-diplomatico. L'approccio di de Gaulle si era rivelato sprezzante e indifferente riguardo alla realtà storica di un grande paese occidentale che, soltanto venti anni e qualcosa prima, aveva contribuito con il coraggio e con il sacrificio di migliaia di soldati alla liberazione di quella stessa Francia, essa sì schiava di un occupante.

Lo sbarco di Juno Beach racconta assai più di questo giudizio. Quello slogan retorico non mostrava alcun riguardo nei confronti del secolare, contrastato percorso che aveva condotto ilpopolo canadese all'autodeterminazione. Sulla discussa figura di de Gaulle vi è una memoria storica che parla da sé. Da soldato nella Grande Guerra si dimostrerà più che valoroso;il suo animo nazionalista lo indurrà a scorgere con un po' d'immaginazione quella *Grandeur* politica francese che non trovava esempi concreti… Quanto all'annuncio del 18 giugno del 1940 da Radio Londra, esso risulterà fondamentale soprattutto per i suoi effetti psicologici sul popolo occupato…

"… La guerre n'est pas tranchée par la bataille de France. Toutes les fautes qui ont été commises n'empêcheront pas qu'un jour l'ennemi sera écrasé. Cela pourra se faire grâce à une force mécanique supérieure encore."
"… Moi, Général de Gaulle, actuellement à Londres, j'invite les officiers et les soldats français qui se trouvent actuellement

en Grande- Bretagne ou qui viendraient à s'y trouver, à se mettre en rapport avec moi. Ceci vaut également pour les ingénieurs et les ouvriers spécialistes qui se trouvent déjà en Grande-Bretagne ou qui viendraient à s'y trouver."

Ma limitare il dramma francese dell'occupazione tedesca al carisma di de Gaulle sarebbe riduttivo. La Francia non era riuscita a costruire una reazione popolare che scuotesse il Paese dallo choc e dalla depressione comuni subiti dall'occupazione. Di quella scossa, de Gaulle rappresentò senz'altro il simbolo, sebbene lontano, ma la reazione fu attivata da certi eroi positivi che sarebbe una mancanza non ricordare. Tra costoro va citato un eroe nazionale come Jean Moulin.

Ragazzo del '99, giovanissimo e arruolato, egli supera la prova del '14-'18 e fa del decennio che segue un continuo esercizio di studi e di esperienze. Si laurea in legge nel 1921, l'anno dopo è Capo di Gabinetto del Prefetto di Savoia, poi diviene il più giovane Vice-Prefetto di Francia. Alla fine del 1932 Pierre Cot lo nomina Capo Aggiunto agli Affari Esteri. Figlio delle istituzioni nazionali, Moulin assiste il suo Paese nel momento più tragico. I tedeschi fermano Jean nel giugno del 1940 perché si rifiuta di arrestare dei soldati africani della guardia di finanza francese; tenta il suicidio tagliandosi la gola con dei frammenti di vetro. Revocato dal Regime di Vichy, si trasferisce nella casa di famiglia di Saint-Andiol e contatta la Resistenza francese. Nel settembre 1941, sotto il nome di Joseph Jean Mercier, vola a Londra e incontra Charles de Gaulle. Rientrato in Francia con un paracadute, promuove il costituirsi del *Conseil national de la Résistance*, di cui diventa il primo presidente. Arrestato dai tedeschi muore l'8 luglio del '43 in seguito alle torture subite.

Un altro passo lungo: il 19 giugno 1964 ha luogo la traslazione al Pantheon della salma di Jean Moulin, eroe della Patria. A mezzogiorno e un quarto il Generale de Gaulle giunge nella piazza, si unisce a Georges Pompidou, ad André Malraux, a Jean Sainteny, a Pierre Messmer e al Generale Louis Dodelier, governatore militare di Paris 1. De Gaulle si inchina al Tricolore e guadagna la tribuna delle autorità. André Malraux rivolge alla Piazza strapiena il discorso di un Uomo di Lettere e di Coraggio, che concluderà così:

> Ascoltate oggi, giovani di Francia, quello che per noi è stato lo "Chant du Malheur". Sia questa la marcia funebre delle ceneri che si trovano qui. Accanto a quelle di Carnot con i soldati dell'Anno II, quelli di Victor Hugo con *Les Misérables*, quelli di Jaurès vegliati dalla Giustizia che riposano con la loro lunga processione di ombre sfigurate. Oggi, giovane francese, puoi pensare a quest'uomo come avresti accostato le tue mani al suo povero volto informe dell'ultimo giorno, alle sue labbra che non avevano parlato; perché quel giorno, il suo, era il volto della Francia.

Restano tutti in piedi, dal Generale al garzone di bottega, dinanzi alla Francia degli Eroi.

Nel solco di questa duplice memoria, della Francia migliore e del Canada che al prezzo di vite umane aveva contribuito a liberarla, l'*engagement* strumentale di de Gaulle per un Québec *da liberare*, oltre a creare degli imbarazzanti attriti diplomatici, fu probabilmente l'occasione per radicalizzare la polemica con il governo federale. Sarebbero seguiti, come si è visto, ventotto anni di contese e di divergenze ideali…

Per un attimo vorrei ritornare alla frase di quell'avventore da bar, che alla giornalista rivolge questo appello: "La cultura francese è importante per noi e vogliamo essere in grado di prendercene cura. Vogliamo essere un paese indipendente."

Cosa intendeva dire quel militante indipendentista? E a quale cultura realmente alludeva?

Se per cultura egli intendeva il corpus culturale, letterario, artistico e creativo di una nazione che vantava una tradizione millenaria qual era la Francia, il suo auspicio suonava assurdo. Assurdo quanto il sogno di assorbire in qualche decennio un percorso che andasse dal Gotico al Surrealismo, un cinema che andasse da Renoir a Ozon, e poi l'architettura, le corti rinascimentali, i loro giardini insuperabili... Insomma di tutta una Cultura che rappresentava un'esperienza immortale, nessun Québec indipendente poteva ieri o potrebbe oggi prendere cura.

Se dunque per cultura il ragazzo fantasticava di una nuova rete comune franco-canadese, ebbene l'auspicio avrebbe sorvolato sull'assoluta indifferenza dell'*Ancienne France* riguardo a una colonizzazione. Un approccio che addirittura con Napoleone III divenne manifesto e provocatorio. Appunta Covallero: "Sebbene gli scambi commerciali fossero ancora da considerarsi irrilevanti, quell'anno gli agenti consolari si dimostrarono insufficienti. Perciò il 12 novembre 1858 un decreto imperiale del governo di Napoleone III nominò Ernest Joseph Alexandre Blancheton console di seconda classe e creò il consolato di Francia nella città di Québec, che poi sarebbe stato elevato al rango di consolato generale nel 1862. La nomina venne decisa con discrezione all'interno del corpo consolare esistente, senza pretese politiche: non si trattava di un console rappresentante della Francia in Québec, egli non aveva alcun ruolo diplomatico. Lo scopo del consolato restava quello di sviluppare le relazioni commerciali tra la Francia e il Canada est e accrescere l'influenza marittima francese nel mondo. La scelta di fondare il consolato ricadde su Québec e non su Montréal perché il porto di Québec al tempo era più attivo e vivace, mentre la seconda non aveva ancora conosciuto lo spettacolare sviluppo economico che avrebbe vissuto alla fine del secolo. Anche nel 1867 il consolato rimase a Québec sebbene la capitale federale fosse stata spostata a Bytown, la moderna Ottawa, perché al tempo la città era troppo piccola per sviluppare degli scambi commerciali consistenti." Nulla tocca le sponde dell'Atlantico Orientale di quel secolo letterario francese... Non Lamartine, non Victor Hugo, non Alexandre Dumas Padre e neanche Georges Sand e men che meno Mérimée... Soltanto approdano vascelli alla conquista di porti e di porticcioli di transito. Sarà quella, la Francia dei canadesi, altro che Cultura! Altro che fraternità e unione!

Se invece per cultura egli voleva dire "Storia", sarebbe stato un altro discorso. Essa racconta, sia detto, di una terra a cui per primi approdarono i francesi, i quali inizialmente spesero vite, denari e sacrifici in nome di un grande progetto, che non era soltanto colonialistico ma soprattutto ideale. Erano sogni di uomini, erano le avventure della loro vita. Ed era il distacco da una madrepatria che li aveva abbandonati prima ancora che fossero partiti.

"Spesso, quando ti addentri nel labirinto che sta fuori di te, finisci col penetrare anche nel tuo labirinto interiore. E in molti casi è un'esperienza pericolosa." Non è poi tanto strano che un letterato di cultura giapponese (Haruki Murakami) trovi la chiave giusta per raccontare al popolo quebecchese quale sia il rischio del perdersi. Ossia che quel percorso, ripetuto con ostinazione avanti e indietro, senza mai trovare l'uscita, non era pezzo della sua strada. Che quel suo sguar-

do insistentemente rivolto all'oceano e ai suoi vaghi orizzonti europei, era uno sguardo smarrito. Che vi era da vol-
tarsi indietro, gli occhi alla terraferma, dove tante erano le
speranze e fortissime le basi, non già di una *Nouvelle France*
ma di una *Nouvelle Vie*. Lì dove stava il Canada, la terra
scoperta e promessa, il futuro di figli e di eredi, di epigoni e
di continuatori, la Nazione a venire dove avevano dimorato i racconti dell'origine e dove sarebbero cresciute infinite
storie di persone e di genti sconosciute. E sentire una volta
per tutte che dov'è il Québec, lì stesso è il Canada, capire in
che misura valga il contrario, dal Pacifico all'Atlantico, dalla British Columbia alla Nova Scotia *round trip*, passando
per questa provincia tanto ribelle e chiusa quanto desiderosa
di quiete, di una pace interiore che le riconoscesse la grandezza, la bellezza, l'identità. E nessuno, neppure cercando-
le notti e notti alla luce di una lanterna, troverà tracce di
una Francia importata nei segni forti e originali del Québec.
Resteranno per decenni i documentari di Helen Doyle, così
aperti alla memoria visiva e alle sue divagazioni. Rimarrà
per sempre l'incipit del poema di Dany Laferrière...

> "La notizia taglia la notte in due.
> La telefonata fatale
> che ogni uomo adulto
> riceve un giorno.
> Mio padre è appena morto.
> Mi sono messo in strada presto, stamattina.
> Senza destinazione.
> Come la mia vita a partire da adesso."

Partito da Port-au-Prince in morte del padre, Dany Laferrière giunge in Québec, dove presto viene acclamato quale gloria nazionale, addirittura diventando primo letterato
canadese ad accedere all'*Académie Française*! Con lui,
nate in tutt'altro luogo, non dimenticheranno più la lingua

francese le donne innu che ebbero a cantare le loro origini.
come quella di Naomi Fontaine...

> "Noi i probabili
> i domani
> i resti del cuore-muscolo
> e di terra terra
> Noi in una parola:
> territori."

Loro che già c'erano e lei che nel 1978 arriva da Saigon
con altri *Boat-People*. Il suo nome è Kim Thúy e l'avrebbe
narrata così, la sua vita nuova...

> La delegazione canadese è stata la prima a riceverci. Mia ma-
> dre aveva messo su una scuola nel campo. Insegnava matematica
> in francese ai bambini e lingua francese agli adulti. Aveva avuto
> la fortuna di essere chiamata come interprete delle delegazioni
> francofone durante delle sedute di selezione. Non sapeva che la
> delegazione canadese offrisse agli interpreti l'opportunità di im-
> migrare. Facevamo parte della prima grande ondata di rifugiati
> vietnamiti accolti in Canada, quindi non ci erano giunte voci su
> quel paese, dove credevamo fosse inverno dodici mesi l'anno.
> Mia madre ci aveva assicurato che le nostre origini di Dà Lat ci
> avrebbero aiutato ad ambientarci al freddo. A me raccontava che
> Babbo Natale abitava al Polo Nord, vicinissimo al Canada.

Quanto a Wajdi Mouawad, ragazzo che era, si era affacciato alla finestra il giorno in cui il suo Libano era diventato
una polveriera. A lui bastava scappare e il sole gli sarebbe
sorto alle spalle. Transitò per Parigi, giunse a Montréal, dove
divenne uno scrittore poliedrico, instancabile. Licenzierà
una dozzina di drammaturgie, tre romanzi, una sceneggia-
tura che gli sarebbe valsa una candidatura all'Oscar 2010.
Wajdi Mouawad è canadese, è quebecchese. Tale e quale è
Jocelyn Saucier, nata nel New Brunswick e cresciuta vici-

no al San Lorenzo, giornalista, narratrice e perfetta autrice
di un romanzo maturo, cosiddetto di ritorno, sull'esistenza
perfetta di una famiglia che si sgretola alla ricerca delle ne-
cessarie alterazioni del tempo. *La vie come une image*.

Come un'immagine faticosamente compiuta, il Québec di
oggi mostra una terra in cui luoghi, progetti e lingua seguono
un identico filo creativo. Qui si risente la qualità di culture
differenti e di idiomi intraducibili che pure diventano lontanamente prossimi, come in fondo appare tutto l'orizzonte
del Canada, dove la diversità forma una sfumatura di colore
impercettibile, sconosciuta. Di un colore che non c'era.

8
SCAMBI

Baratterei tutta la mia tecnologia per una serata con Socrate.

Steve Jobs

Fu per prima la Provincia del Quebec ad avanzare l'ipotesi di un accordo economico tra l'Unione Europea e il Canada. L'occasione fu il "World Economic Forum" del 2007, quando il premier quebecchese Jean Charest propose a Peter Mandelson, Commissario Europeo per il Commercio, un'importante partnership economica tra le due aree. Del resto, la provincia canadese francofona aveva sempre intrattenuto con l'Europa rapporti commerciali intensi, non solo per la posizione storicamente occupata all'interno dell'ordinamento federale ma anche per non rinnegare il proprio interesse nel differenziare i mercati di riferimento, essendo il modello economico europeo più confacente agli obiettivi del Quebec all'interno della Federazione.

Fu allora che Charest, e con lui il Ministro dello Sviluppo Economico, della Innovazione e del Commercio Raymond Bachand, annunciarono l'avvio di consultazioni volte a sottoscrivere un accordo di libero scambio tra Canada e Unione Europea:

It has to be a new-generation agreement that will deal with the impediment to investment and stimulate trade of good and

services. It could also cover sustainable development, mobility
for people and goods, recognition of skills, and scientific and
technical cooperation.

Per prima fece eco all'iniziativa la Provincia dell'Ontario, e nell'estate del 2008 il suo premier Dalton McGuil-
ty promosse l'inizio dei negoziati. In ottobre ebbe luogo a
Quebec City il primo summit orientativo, a cui sarebbero
seguiti gli incontri di Charest con Nicholas Sarkozy a Parigi
e con José Barroso e Catherine Ashton a Bruxelles. I negoziati veri e propri ebbero inizio nel maggio 2009.

Una trattativa non facile: da un lato vi erano da considerare gli equilibri interni, giacché ciascuna Provincia gesti-
va le sue delicate questioni di politica economica locale;
dall'altro vi era la complessità degli orientamenti nazionali
interni alla Ue.

Dopo mesi di applicazione e di pazienza, l'impegno dei
negoziatori sarà premiato: il Parlamento Federale Canadese
e il Parlamento Europeo concorderanno la data fatidica del
21 settembre 2017 per l'entrata in vigore dell'accordo. Si
tratterà di un'esecuzione provvisoria quale conseguenza di
una tecnicalità legata al nuovo sistema di risoluzione delle
controversie tra gli stati e gli investitori.

Per comprendere il senso profondo dello storico avveni-
mento, sarà bene accennare brevemente alla politica estera
canadese dal secondo dopoguerra a oggi. Nel 1945 il prin-
cipale partner erano senz'altro gli Stati Uniti d'America, a
maggior ragione al termine di un conflitto drammatico, che
aveva messo a repentaglio la sopravvivenza delle democra-
zie occidentali. Il Canada si ritrovava unanime nel riaffer-
mare una convinta adesione all'ordine liberale internazionale, benché la geopolitica fosse mutata, con il comunismo

praticamente alle porte e le Isole Diomede a separare, con i suoi tremila metri di mare artico, la libertà dalla tirannia.

Le relazioni con gli Usa rimanevano assai strette: la comune gestione di una lunghissima linea di confine; una stabile prossimità culturale; la condivisa esperienza dell'immane sacrificio umano durante la guerra (per ogni canadese sarebbero morti dieci americani, per un totale di mezzo milione di vittime).

Ciò detto però, oltre alla gestione del nuovo disordine mondiale, al governo di Ottawa si poneva la questione di affrontare in altro modo la subordinazione nazionale alla potenza politica, militare ed economica del Vicino, il che era già accaduto con il Regno Unito. Occorreva gettare le basi in vista di un'emancipazione politica. Soltanto bilanciando l'interdipendenza tra i due Paesi si sarebbe potuto creare un nuovo equilibrio continentale.

All'indomani del conflitto la politica estera canadese aveva riconfermato il primato di alcuni principi: internazionalismo liberale; multilateralismo politico e culturale; rispetto delle istituzioni internazionali; giustizia sociale, diritti umani; rinuncia all'uso della forza per la risoluzione dei conflitti internazionali. In un discorso del 1947 l'allora Primo ministro Louis Saint-Laurent aveva indicato i valori e il ruolo canadese nel mondo, una visione che sarebbe stata ben realizzata dal collega liberale Pearson e dalla sua gestione della crisi di Suez. A Saint-Laurent i cittadini canadesi saranno riconoscenti per un'avanzata riforma della sanità e per la riforma pensionistica.

Negli anni Sessanta la cultura pacifista si manifesterà con la ferma opposizione all'intervento militare americano in Vietnam. Peraltro nemmeno il mondo politico canadese restò indifferente a quei tragici eventi: nel 1965, alla Temple University di Philadelphia, il Primo Ministro Lester B. Pe-

arson sollecitò il governo statunitense a cessare momenta-
neamente i bombardamenti sul Vietnam del Nord per tentare
la via della pacificazione. Del resto sin dal 1957 l'intento di
salvaguardare quegli interessi nazionali che erano considerati condivisi e vitali aveva già dato i suoi frutti. Per prima
la definizione del NORAD, una sorta di comando congiunto
incaricato di proteggere gli spazi aerei delle due nazioni. Il
Canada era tra gli Stati fondatori dell'Alleanza Atlantica...
Per coerenza l'internazionalismo, che Pierre Trudeau aveva
sostenuto con forza negli anni Settanta e Ottanta e che i suoi
successori avrebbero stimato quale un pensiero del tutto acquisito, non minerà in alcun modo l'alleanza generale con
gli Stati Uniti. Con i dovuti e irrinunciabili distinguo. Per
citarne uno, il "Protocollo di Montreal" del 1985 sulla protezione dell'ozono vede il Canada tra i paesi più sensibili
all'emergenza del problema. Ciò nonostante, tre anni dopo
i due Stati firmeranno assieme un accordo di libero scambio
commerciale. Il fatto innescherà immediatamente un vivace dibattito interno sul timore di un predominio americano in materia economica e culturale. Non meno furastiche
saranno le polemiche (1993-94) precedenti la ratifica del
NAFTA, un trilaterale che comprendeva anche il Messico.
La questione concerneva il bilateralismo. Era evidente che
la nazione canadese si sarebbe realizzata soltanto a condizione che la relazione con gli Stati Uniti rientrasse, al pari di
molte altre, in un contesto più ampio. Non era tanto importante la verosimiglianza di quella reciproca emancipazione,
quanto il segnale di un vero superamento. In questo senso
gli anni Novanta segnano il passaggio a una fase cruciale.
È il 1995 quando Jean Chrétien pronuncia un discorso che
non soltanto contiene in sé ogni valido argomento contro la
separazione del Québec ma che soprattutto suona come una
raffinata apologia del multilateralismo canadese.

Noi abbiamo costruito insieme al Canada qualcosa di grande e di nobile. Un paese i cui valori primari della tolleranza, della comprensione, della generosità e del rispetto verso ogni manifestazione di diversità hanno fatto di noi ciò che siamo: una società votata al riconoscimento della dignità di tutti i cittadini. Vi sono paesi che investono molte delle loro risorse sugli armamenti; noi investiamo tutto sul benessere del popolo. Vi sono paesi che tollerano la povertà e la disperazione umane; noi operiamo per assicurare a ciascuno un livello di vita decente. Vi sono paesi che ricorrono all'uso della violenza per regolare i loro conflitti e le loro differenze interne; noi superiamo le nostre difficoltà grazie a uno spirito di compromesso e a un mutuo rispetto. Tutto ciò lo abbiamo realizzato. E allora dico ai miei compatrioti quebecchesi: non permettete a nessuno di sminuire o di banalizzare ciò che abbiamo creato assieme. Non permettete mai e poi mai che qualcuno vi ammonisca che non si possa essere fieri di essere quebecchesi e canadesi allo stesso tempo e in egual misura. È vero, il Canada non è perfetto. Ma per me non esiste paese al mondo che più si avvicini ai nostri ideali. E non esiste un altro luogo del mondo in cui le genti vivano tanto pacifiche e tanto sicure.

Le parole appassionate e riflettute di Chrétien risulteranno il vaticinio di un evento che avrà luogo appena due anni dopo, allorché la Convenzione di Ottawa ratifica un accordo sulle strategie comuni per il mantenimento della pace e contro le mine anti-uomo.

Nel 2006, con il neo-eletto governo conservatore di Stephen Harper, il Canada virerà nella direzione di una politica estera nutrita da una convinta superiorità etica e politica. Peraltro sarebbe superficiale trascurare il positivo effetto identitario che il governo Harper avrà sulla popolazione. In qualche modo i canadesi riscoprirono la bellezza e la forza dei loro simboli, della bandiera come dell'inno. Insomma venne superata quella"timidezza" per cui l'appartenenza a una cittadinanza sarebbe coincisa con una astrusa deriva nazionalistica e autoritaria, assolutamente estranea alla natura della gente canadese. Del pari corretto sembra l'appunto di Rémi Descheyer in "Best friends, eh? The Arctic, Keystone XL and the Canada-United States Relationship in 2015", laddove viene commentato che negli anni harperiani si andranno pronunciando, da un lato una sorta di rinnovato continentalismo, dall'altro un certo appiattimento sull'alleato tradizionale, quello statunitense. Nel corso di un decennio di apparente mutamento, tutto volgerà nel senso di una chiusura politica e culturale. In definitiva il Canada vivrà una fase di stallo, probabilmente dovuta all'inadeguatezza ideologica di quella sua politica di grandi, teoriche aperture ma di limitati risultati reali.

Con l'avvento di Justin Trudeau il paese ha percorso un sentiero già battuto, che avrebbe dovuto condurlo a una fase di estese ambizioni internazionaliste.

Nel tracciare il solco dei cenni storici qui riportati in forma succinta, l'analista politica Laura Borzi non ha trascurato il problema centrale delle attuali relazioni internazionali: ovvero la loro complessità, quell'ampio spettro di aperture e di chiusure politiche attraverso cui i singoli paesi condizionano l'esito di ogni trattativa internazionale. Questo incessante dialogare tra delegazioni (che comunemente definiamo "politica estera"), è certamente segnato da una giornata memorabile per i rapporti tra Unione Europea e Canada. Il CETA ("Comprehensive Economic and Trade Agreement") avrà effetti assai più rimarchevoli di un accordo commerciale. Infatti la UE e il Canada sottoscriveranno anche quello "Strategic Partnership Agreeement" (SPA) che andrà a incidere sull'ambiente, sulla sicurezza, sulle politiche sociali, sulla cultura e sullo sviluppo integrato, così rinsaldando la collaborazione strategica tra i due firmatari.

Il 27 giugno 2017 la Commissione Esteri del Senato italiano ha approvato l'accordo. Ancor oggi si attende ratifica. Qual è il problema?

I primi dati post-CETA sul valore dell'export italiano verso il Canada davano una sensibile crescita: +11%. Il dato è la sintesi di un sostanziale aumento dell'export in tutti i settori, compreso l'agroalimentare che, da settembre 2017 a febbraio 2018, ha fatto registrare un +14%. Queste prime cifre contraddicono la vulgata anti-CETA, una narrazione basata su teorie non confermate da alcuna evidenza. Di fatto, la bilancia commerciale ha subito favorito il nostro paese. Il dato concorrente, che l'export canadese verso l'Italia fosse aumentato del 24%, si riferiva comunque a un flusso di beni inferiore di un terzo. Ossia, noi esportavamo il triplo. Le importazioni di grano canadese avvertivano una sensibile flessione.

I dati evidenziavano che il Canada andava perdendo proprio quello che storicamente era considerato il primo e miglior acquirente di grano. Per decenni ci eravamo nutriti con il grano canadese... Pochi mesi dopo l'applicazione del CETA quella tendenza si era invertita.

Le disposizioni del CETA non avevano violato di un micron le norme dell'Unione Europea in materia di sicurezza alimentare; al contrario esse avevano garantito il rispetto delle misure sanitarie. Nonostante questo, dalla maggior parte dei settori politici italiani il CETA viene ancora considerato al pari di un inganno da svelare a ogni costo. Perché, se i dati certificati erano già l'espressione concreta di quanto accaduto dopo la sua entrata in vigore? Perché, se grazie a esso era stato riconosciuto il 90% del valore delle IG italiane? E soprattutto perché, se con l'abbattimento dei dazi doganali e il riconoscimento di quarantuno indicazioni geografiche, i nostri prodotti di eccellenza hanno potuto essere presenti a pieno titolo in ogni mercato canadese?

A un'eventuale mancata ratifica del CETA conseguirebbe immediatamente la reintroduzione dei dazi doganali su tutti i prodotti esportati, compreso il comparto agri-food. Del resto il CETA non è stato negoziato come un monolite immodificabile. Il concetto di *Indicazione Geografica* era estraneo all'ordinamento giuridico canadese basato sulla protezione del marchio. Eppure il Canada aveva accettato le denominazioni geografiche, seppure con una portata ridotta rispetto a quelle riconosciute a livello UE.

Peraltro, il CETA è un accordo ancora "aperto", un accordo di libero scambio che in pochi mesi ci ha visti già beneficiari dei vantaggi maggiori.

> Chiederemo al Parlamento di non ratificare il Ceta, l'accordo di libero scambio tra Ue e Canada perché tutela solo una piccola parte dei nostri prodotti Dop e Igp.

Era stata questa la dichiarazione del Ministro per l'Agricoltura Gian Marco Centinaio. Ratificare o rimanere inerti: cosa cambierebbe? Non molto: il trattato continuerebbe a "vigere" per quei capitoli (dazi, barriere regolatorie, tutela delle DOP e IGP, aperture sugli appalti) di competenza sovranazionale. Se invece il Parlamento lo bocciasse *tout-court*, il CETA potrebbe cadere per tutti i Ventotto stati poiché la ratifica europea prevede l'unanimità. E al momento si sono già espressi per il sì solo 11 paesi su 28: Danimarca, Lettonia, Estonia, Lituania, Malta, Spagna, Portogallo, Croazia, Repubblica Ceca, Austria e Finlandia. Insomma, non sono i ritardi nella ratifica che possono bloccare il CETA, ma un veto parlamentare messo nero su bianco.

Su "la Repubblica" Marco Ruffolo ha commentato che, dalla provvisoria entrata in vigore del trattato, certa opinione politica si era mostrata allarmista oltre ogni logica. Si azzardavano fosche previsioni: l'arrivo di grano canadese con muffe e diserbanti tossici, l'invasione di carni agli ormoni, anche di bisonte. Insomma, non avremmo più potuto difenderci, l'economia e la salute ci avrebbero rimesso. Nulla di tutto ciò è accaduto. Secondo Ruffolo, almeno tre importanti particolari erano stati omessi: "che l'Italia era stata per decenni il primo acquirente di grano canadese"; che con il CETA erano rimaste in piedi dalla prima all'ultima tutte le norme sulla sicurezza alimentare già applicate; che restava proibita l'importazione del "junk food" a imitazione dei prodotti nostrani. D'altronde, quando si obietta che i 41 prodotti riconosciuti dall'accordo rappresenterebbero una minima parte delle 250 specialità tipiche nazionali... e si omette che, come valore economico, quei prodotti valgono il 90% del totale, ciò equivale a mentire. Eppure non si tratta di una contrapposizione politica ma culturale. A sinistra, per esempio, vale il criterio generale secondo cui ciò che è scambio, che è movimento di beni e servizi, che è condivisione di ricchezza, evoca lo spettro della globalizzazione. Le strategie localiste del chilometro zero, dell'autocrazia economica, sono in realtà lanciate e rilanciate senza un concreto riferimento alla loro reale efficacia. Da ciò si dà luogo a un discutere tra non credenti e non praticanti che porterà a successive condizioni di stallo, nel più marcato indecisionismo politico che si possa immaginare.

In fondo però, se vale a consolare il nostro animo di italiani un po' smarriti, vi è che in Canada albergano idee altrettanto vaghe, che magari crescono in buona fede, attraverso l'illusione che la teoria e la storia possano marciare, la prima in avanti e la seconda all'indietro, senza mai incontrarsi in seno a un pensiero critico e intorno a un verosimile progetto sociale.

Le differenze semmai rimangono, e forti, nella visione e nell'interpretazione del presente, laddove ai nostri prepoteri istituzionali fa eco, al di là dell'oceano, una speciale combinazione di forze e di speranze che fanno del Canada una nazione viva.

9
ITALO CANADESI

Nessuno come gli italiani sa organizzare così bene
le tempeste dentro ai bicchieri di acqua.

Paolo Sorrentino

Quando Alain Elkann domanda a Indro Montanelli quale domani vi sarà per l'Italia, il celebre giornalista alza gli
occhi al cielo.

Per l'Italia nessuno. Perché un paese che ignora il proprio ieri,
di cui non sa assolutamente nulla e non si cura di sapere nulla,
non può avere un domani. Mi ricordo una immagine dell'Italia
che mi rese in tempi lontanissimi un mio maestro e anche bene-
fattore, grande giornalista, che fu Ugo Ojetti, il quale mi disse:
'Ma tu non hai ancora capito che l'Italia è un paese di contemporanei, senza antenati né posteri perché senza memoria? Io avevo
venticinque anni e la presi per una boutade e invece, col tempo,
mi sono accorto che aveva totalmente ragione. Questo è un paese che ha una storia straordinaria ma non se ne cura, non la sa…
è un paese ignaro di se stesso.

Agli italiani che tra la fine dell'Ottocento e l'inizio del
secolo scorso presero a emigrare nel continente americano,
questa breve e corretta analisi di Montanelli si adatta fino a
un certo punto. Al contrario si potrebbe affermare che nel
bagaglio di quei milioni di donne e di uomini, che da quasi
ogni regione si erano mossi verso una destinazione tanto
promettente quanto ignota, stava soltanto una cosa di gran-

de valore: la Memoria. Benintesi, il povero contenuto delle
loro valigie era identico a quello trasportato dai contadini
irlandesi a cui avevano devastato i raccolti, a quello dei liberali tedeschi perseguitati nel 1848, dei nazionalisti polac-
chi come degli armeni, dei greci, dei turchi, degli ebrei rus-
si e austroungarici... I nostri emigranti possedevano meno
idee, nessun senso della nazione (che era inesistente oppure
neonata), e recavano con loro gli stracci e le attese di tutti
gli altri ma in più avevano ben nascosto uno scrigno di ricordi che non era un tesoro culturale ma antropologico. Un
sentimento di forte appartenenza a un nucleo famigliare, a
un certo villaggio, a una città, al mare, al proprio cognome,
alle cartoline sbiadite dei genitori e dei nonni... Di tutto ciò
era stracolmo, allora, un tipico baule all'italiana.

Dal 1892 e il 1954 milioni di persone passeranno per Ellis
Island. Erano quelli che avevano viaggiato in terza classe, cioè
nell'interponte, di fatto giù nella stiva, al di sotto della linea di
galleggiamento, in grandi dormitori senza areazione e senza
luce, dove duemila passeggeri si ammassavano su pagliericci
sovrapposti. Negli anni Ottanta il viaggio costava dieci dollari;
dopo la Grande Guerra trentacinque dollari. Durava circa tre settimane. Il cibo consisteva in patate e aringhe.

I piroscafi della "Italian Line" salpavano da Genova, da
Napoli, da Palermo. Si chiamavano "San Giovanni", "Giuseppe Verdi", "Duca degli Abruzzi" e il loro terminal non
era mai uno sbarco ma l'approdo a un isolotto di quattordici
ettari sito a 400 metri dalla punta di Manhattan. Si chiamava Ellis Island e in tutte le lingue d'Europa era sopranno-
minata *Isola delle lacrime*. Già Isola della Forca, per via
dell'impiccagione in loco, nel 1765, di un suo proprietario,
Thomas Lloyd, detto Anderson. Un certo giorno lo acquisì
Samuel Ellis, il cui nipote lo vendette a John Berry, che lo
cedette alla città di New York. Per diecimila dollari infine lo

acquisì il Governo federale. Annie Moore, una quindicenne irlandese di Cork, fu la prima a giungere, il primo gennaio del 1892. Quale benvenuto le fu donata una moneta d'oro da 10 dollari. A essere registrato per ultimo, il 12 novembre del 1954, sarà Arne Peterssen, un marinaio norvegese.

Dal 1928 al 1971 oltre un milione di immigrati, sfollati, rifugiati, spose di guerra e i loro figli approdarono in Canada, e precisamente al Molo 21 del porto di Halifax, in Nuova Scozia.

Oggi il molo 21 è uno storico sito nazionale; per il popolo canadese ciò rappresenta un tributo all'esperienza dell'immigrazione. Oggi è una sorta di museo a mare aperto; ai suoi visitatori vengono proposte proiezioni e immagini fotografiche, articoli e racconti a tema, insomma quella che era, *illo tempore*, l'avventura di colui che partiva emigrante e che sognava di arrivare immigrato.

Di questo milione di umanità in transito, centomila erano i rifugiati; cinquantamila le spose di guerra, ventimila i loro figli; quasi cinquecentomila, addirittura, i soldati di ritorno dalla Seconda Guerra mondiale.

Agli inizi degli anni Ottanta del secolo XIX il Canada ospitava non più di duemila italiani, la maggior parte dei quali "faticava" (come si dice a Napoli) per la "Canadian Pacific Railway". A cavallo dei due secoli però le statistiche verificano un'incredibile impennata. Il medesimo fenomeno si verificherà tra gli anni Cinquanta e il principio dei Settanta (circa mezzo milione di arrivi), tanto da suggerire dei lavori di ampliamento degli uffici di Pier 21 preposti all'accoglienza di quel traffico così ingente.

Col nuovo millennio è ripreso un certo flusso migratorio, il che sembra dipendere dalla disoccupazione dei ceti più colti e più specializzati delle nostre giovani generazioni.

La parabola dell'italiano all'estero, o più precisamente verso il nord del mondo, presenta ovunque la medesima curvatura. Che si tratti di Svezia o Germania, di Stati Uniti o Canada, la narrazione non muta di una virgola, ed è nuovamente Indro Montanelli a ricordarcela.

> Per l'Italia non vedo alcun futuro. Per gli italiani sì. Perché gli italiani sono i meglio qualificati ad accedere in un melting-pot multinazionale, per la semplice ragione che non posseggono resistenze nazionali. Intanto hanno dei mestieri in cui sono insuperabili. Noi in Europa saremo sempre i migliori sarti, i migliori calzolai, i migliori direttori d'albergo, i migliori cuochi... Non c'è il minimo dubbio. Ma non siamo imbattibili solo in questi mestieri di servizio. L'individualità italiana potrà benissimo affermarsi in molti altri campi: sono sicuro che gli scienziati, i medici, i chimici e i fisici italiani, quando disporranno di centri di ricerca di livello europeo, sapranno brillare di luce loro. Gli italiani. L'Italia no. L'Italia non ci sarà.

E gli italiani che andranno in Canada "diventeranno" canadesi. Questo però non ha a che vedere né con la nostra attitudine trasformista né con il lato buono, e accondiscendente, del nostro carattere. Noi riserviamo i peggiori istinti al suolo patrio ma, non appena tocchiamo una terra che non ci appartiene, la trattiamo con la massima attenzione, perché in fondo la pensiamo come Friedrich Nietzsche...

> I cuori che sono capaci di ospitalità aristocratica si riconoscono dalle molte finestre con le tende abbassate e dalle imposte chiuse: le loro stanze migliori, le tengono vuote. Perché? – Perché aspettano ospiti di cui non ci si debba accontentare.

Attorno alla College Street di Toronto il tricolore è di casa. In quella via addirittura si passeggia sull'*Italian Walk of Fame*, inaugurata il 7 settembre 2009.

Quello scorcio celebrativo di Little Italy si deve alla fantasia di Jimi Bertucci, cantautore, musicista nonché fondatore degli "Abraham's Children", e di Marisa Beaco, psichiatra e proprietaria della "Marisa Lang Management". La IWOF rappresenta un omaggio alle imprese degli italiani in Canada. Tra i nomi, due grandi hockeisti, Phil Esposito e Roberto Luongo; una decina di attori tra i quali spiccano Giancarlo Giannini, Joe Mantegna e Franco Nero; e poi un giudice della Corte Suprema (Frank Iacobucci), un editore (Johnny Lombardi), e imprenditori, produttori, politici, cantanti...

Nella realtà di una vita quotidiana assai complessa, la stella al merito andrebbe data a un enorme numero di italo-canadesi. Non s'intende drammatizzare alcunché, semmai sottolineare una forza di adattamento e di ambientamento non comuni. Al di là delle euforiche dimostrazioni di patriottismo che le *piccole Italie* danno di loro in tutto il mondo, i nostri concittadini in Canada hanno avuto il pregio di seguire senza resistenze il loro mutevole destino. E nel tempo sono cambiati. E nel tempo sono diventati cittadini di un altrove che non è mai un punto di arrivo. Quel che ci ricorda, con il suo genio visionario, Thomas Bernhard.

> Vorrei sempre essere altrove, dove non sono, nel luogo dal quale sono or ora fuggito. Solo nel tragitto tra il luogo che ho appena lasciato e quello dove sto andando io sono felice.

Viandanti dell'altrove, questi sono stati gli italiani nelle Americhe del Novecento. Con la volontà e la lotta di cui erano capaci. Ora forse assai meno, perché il tempo corrode tutto, persino la tempra più forte che si possa immaginare.

La premessa è che le lacrime di coccodrillo, in questo libro, vorrei non piangerle. Per esempio, al di là di qualsiasi racconto struggente, ricorderei che i primi governi del dopoguerra avevano agevolato il maggior numero di persone a emigrare, in modo da attenuare le tensioni sociali e di abbassare il livello di disoccupazione. A ciò erano serviti i numerosi accordi bilaterali per l'emigrazione assistita, che l'Italia stipulava con i paesi di destinazione. Ogni tanto, ad àncora sollevata, si sorvolava sugli impegni presi e sulle garanzie offerte ai concittadini e li si lasciava andare all'avventura. Alessio Marzi spiega con dovizia di argomenti la situazione reale di quel tempo:

> Una parte dei cittadini italiani che aspiravano a lavorare all'estero rifiutò l'assistenza della Repubblica, preferendo attraversare clandestinamente il confine o raggiungere per proprio conto i familiari precedentemente emigrati. In quegli anni a essere favoriti nelle assunzioni all'estero non erano i disoccupati ma piuttosto gli operai qualificati che molto spesso avevano già un lavoro in Italia prima di partire.

Qual era, in sostanza, l'approccio al problema da parte della politica estera e della politica del lavoro? L'impostazione era anzitutto quella di regionalizzare, se non quando di provincializzare, i flussi migratori. E a che scopo? Gli amici canadesi faranno probabilmente fatica a seguire il mio ragionamento: ebbene in Italia per almeno sessant'anni, ossia dalla fine della seconda guerra mondiale in poi, la politica era stata un'arte della territorialità. Il destino del bene comune era perciò affidato alle menti di questo o quel parlamentare che, eletto in una circoscrizione di cui egli stesso era figlio, cercava di soddisfare le attese e le esigenze della popolazione locale. Il che non risulta sbagliato in astratto, qualora ciò sottintenda in concreto l'assolvimento degli interessi di genti unite dai medesimi valori e dalla comune pratica di un senso civico. Ma a volte l'attitudine politica verrà a confondersi con una forma di delega *ad personam* da parte di quei potenziali elettori che, non appena soddisfatti, ricambieranno il favore ricevuto col loro voto. È quel che accadrà nelle regioni e nelle provincie più povere del nostro paese. Naturalmente questo modo di esercitare l'attività politica genererà per circa mezzo secolo una persistenza del consenso nei confronti delle due preminenti forze politiche. Ciò varrà anche per i flussi migratòri: nell'interesse nazionale, facilitare l'allontanamento dal paese delle fasce meno abbienti significò annullare i rischi di un voto contro i governi in carica; nell'interesse locale, l'emigrazione dei lavoratori maschi significava migliorare il tenore di vita del resto della famiglia, quella rimanente e finanziata dall'estero. La convenienza era duplice ed era anche l'affermazione di quel *particulare* su cui aveva ampiamente riflettuto Francesco Guicciardini: quel tornaconto personale che poi è la molla in grado di mettere in moto tutte le azioni umane: è ciò che corrisponde al benessere materiale, al potere, alla sua gloria e al suo consenso. Perché noi siamo guicciardiniani, a noi Machiavelli non appartiene. In tal senso, quella italiana in Canada si distingue profondamente rispetto alle altre comunità nazionali. I motivi di questa distinzione sono numerosi, mi limiterò a indicarne alcuni:

L'immigrato porta con sé una dote di tale valore da intimidire chiunque lo accolga. Per spiegarmi meglio, mi avvarrò di un aneddoto. Una sera di fine aprile il professor Giovanni Lorenzi sta passeggiando per Torggata, nel centro di Oslo, quando inavvertitamente scontra un passante un po' alticcio. Questi lo investe di parole scortesi sino ad arrivare alla frase fatidica: "Torna nel paese dove sei nato!" Giovanni è persona pacifica ma quello è un invito che gli scatena dentro una tempesta. Sicché esplode: "Io sono nato a Firenze!!!! Hai idea di dove sia Firenze?!?!?! Hai mai sentito parlare di Rinascimento??? Ignorante!!!!! Hai mai sentito nominare Michelangelo, Brunelleschi, Dante???" Questa è la dote che ciascun italiano, da qualsiasi luogo della penisola provenga, offre a chi lo ospita, a prescindere dalla cultura e dalla conoscenza che possiede. Perché non esiste chilometro quadrato del mio Paese che non regali, all'occhio di chi guarda, un'esperienza estetica irripetibile. Questo capitale artistico e culturale è del resto un patrimonio tanto universalmente riconosciuto da rendere per molte ragioni preziosa ogni testimonianza di un cittadino italiano che si ritrovi a vivere in un altro Paese.

I nostri immigrati non incarnano una forte idea di Nazione. Il patriottismo non è insomma un sentimento storicamente radicato nell'animo italiano. Forse perché la costruzione unitaria si era realizzata lungo un percorso irredentistico assai tortuoso senza che, durante cinquant'anni suggellati da conflitti, da gesta eroiche e da rivoluzioni popolari, si fossero create una identità di spiriti e una comunità di anime. Era stata fatta l'Italia, non erano stati fatti gli italiani, come si era augurato Vincenzo Gioberti. In un secolo e mezzo quasi nulla è mutato. Da ciò discende che la nostra presenza in Canada, come altrove, si svilupperà sulla base di culture e di costumi separati, le *Piccole Italie* diventando sempre di più dei luoghi comuni, se non quando luoghi di affratellamento ove organizzare commerci e festeggiare trionfi calcistici.

Gli Italo-canadesi hanno dimostrato una grande capacità di inserimento, di comprensione e di rispetto nei confronti di mentalità e di attitudini inevitabilmente diverse dalle loro. Una nozione fondamentale sfugge di norma a ogni approfondita interpretazione: è la nozione di *latinità*, che noi italiani impersoniamo etimologicamente anche per via di quel vastissimo impero, militare, transnazionale, linguistico, culturale, giuridico, artistico che ebbe a segnare la storia del mondo. E nemmeno a ciò alludo in termini campanilistici bensì solamente a sottolineare con quanta vicendevole ospitalità e con quanta reciproca volontà di conoscersi, la latinità e la "canadesità" siano riuscite a comprendersi e ad apprezzarsi.

E allora come mai noi italiani risultiamo così adattabili a ogni realtà aliena? A che si deve questa capacità di integrazione che essi hanno dimostrato di possedere anche in Canada? Perché forse non vi è nulla che risulti più distante, da un osservatorio socio-morfologico, dell'Italia dal Canada, degli italiani dai canadesi. Basti indagare su quali immagini, in Instagram, vengano mediamente pubblicate sul Canada e sull'Italia. A volte sembrano provenire da due galassie differenti. Dall'una arrivano fotografie di un pianeta ilemorfico ed estremo, da dove la Natura è unitaria, potentissima e del pari clemente, dove il passo dell'uomo è sempre moderato dal solco della Natura, che poi è la storia della Terra in cui si abita; dall'altra giungono istantanee di un pianeta antropomorfo, dove la Natura è frastagliata, in apparenza benevola ma pronta a scatenarsi dinanzi alla sua ennesima violazione, dove il passo dell'uomo è quasi danzato sulle tracce della Natura, che poi è la memoria della Terra su cui ci si muove.

Nonostante questo, non sono marziani e venusiani a incontrarsi tra loro. A dispetto di profonde differenze, sono circa duemila i canadesi che risiedono in Italia, privilegiando tre regioni in particolare: il Lazio, la Toscana, la Lombardia. Negli ultimi decenni non risulta un premier canadese che non sia giunto in visita di stato in Italia, e viceversa naturalmente. Tra i due paesi non smettono di intensificarsi i rapporti commerciali. La cultura italiana è tuttora conosciuta e apprezzata: dai grandi cineasti del secondo Novecento ai contemporanei, come Giuseppe Tornatore, Roberto Benigni e Gabriele Muccino, il cinema italiano è seguito con interesse. I Classici del XIX e del XX secolo sono tradotti e distribuiti nelle migliori librerie del paese. In questo progressivo approccio vanno dunque perdendosi quegli stereotipi di italianità tristemente rilevabili, ad esempio, nel saggio di Nicholas DeMaria Harney *Eh, Paesan! Being Italian in Toronto*, edito nel 1998 dalla "University of Toronto Press" per la collana "Antropological Horizons". Dalla sinossi di uno del capitoli, si legge:

> Alcuni immigrati provenienti da una zona montuosa del Lazio, nell'Italia centrale, hanno costituito la 'Società Canneto' al fine di ricostruire una festa religiosa che erano soliti celebrare nel loro paese in onore di una rappresentazione della Madonna. Di notte e di mattina si succedono preghiere e messe ma la festa annuale in agosto dura tutto il giorno presso il ritiro religioso di Marylake, a King City a nord di Vaughan, ed è l'evento più atteso...

Accade ogni tanto che un diplomatico di esperienza in una certa nazione del mondo decida di dedicare un libro ai suoi anni trascorsi lontano dal suo paese. Lo ha fatto recentemente Fabrizio Nava, del quale "Rubbettino Editore", ha recentemente dato alle stampe *True North. Viaggio dentro l'identità del Canada*. Qui tra l'altro si ritrovano le parole di Sergio Marchionne al Meeting di Rimini del 2010, quand'egli prende a ricordare il suo trasferimento, da giovanissimo, in Canada. È il 1966, il quattordicenne Sergio lascia Chieti per una terra sconosciuta e lontanissima:

"Ho dovuto abituarmi presto a cambiare casa, abitudini e amici. Avevo 14 anni quando la mia famiglia si è trasferita in Canada e vi confesso apertamente che non è stato facile. Non è mai facile iniziare tutto daccapo, in una terra sconosciuta, in una lingua straniera, imparare a gestire la solitudine di alcuni momenti; non è facile lasciare le certezze del tuo mondo abituale per le incertezze di un mondo nuovo [...]. Ma è proprio per questo che viaggiare, cambiare ambiente e conoscere altre culture è uno straordinario modo per crescere e per farlo in fretta. Il contatto con un mondo sconosciuto è qualcosa che ti cambia nel profondo, perché ti costringe a contare solo sulle tue forze e a superare i tuoi limiti."

Spendere per questa testimonianza la nozione nietzschiana di *Oltre-Uomo* può apparire un azzardo. Eppure essa si applica, non già alle eroiche figure del mito ma soprattutto all'umanità liberata. E così vale per chi sia pronto a rinunciare agli inganni della madre terra, per chi sia disposto a rischiare una vita deprivata di eredità e di radici. Per Friedrich Nietzsche l'*Übermensch*, stava a incarnare colui che era capace di stare sempre "oltre", spezzate le catene sociali, nel corso di un inesausto superamento di se stesso, fuor di ogni paura circa le drammatiche condizioni di vita a cui avrebbe dovuto soggiacere.

Sarebbe forse troppo definire tale un emigrato italiano in Canada che ce l'abbia fatta? Che è divenuto qualcuno? Un uomo impensabile prima ancora di partire? No, io credo che questo sia semplicemente l'immagine più veritiera: molti dei nostri emigrati sono stati degli *oltreuomini* in grado di resistere contro ogni previsione e ogni auspicio, per infausti o per fecondi che essi fossero.

Era una persona di questo spessore e di questa forza Vincenzo Sellaro. Citarlo è come tornare alle origini migliori; è come ricordare tutti i milioni di italiani che in Canada hanno vissuto da una certa età fino al loro ultimo respiro. Quegli

italiani sono raccolti nel nome di Vincenzo Sellaro, che era
nato nel 1868 a Polizzi Generosa, un borgo del palermitano
risalente al VI secolo, sito nel parco delle Madonie. Per la
storia antica, il nome *Polizzi* ha origini bizantine, derivante
da *polis* (città) e confermato dalla grafia *bulis* usata dal ge-
ografo Al Idrisi. Quanto alla sua storia più recente, conse-
guita la laurea in medicina, Vincenzo Sellaro aveva aperto
un ambulatorio privato di ginecologia nella "Little Italy" di
Manhattan. L'esperienza clinica lo avrebbe presto persuaso
dei rischi a cui gli immigrati italiani andavano regolarmente incontro per via delle loro *défaillance* linguistiche. Ciò
lo indusse, dapprima a costituire un Comitato bilingue di
medici, poi a fondare il "Columbus Italian Hospital", dove
i pazienti potevano parlare nel loro idioma originario. In
quegli anni a cavallo dei due secoli, Sellaro si era occupato
di ricerca oncologica, di diabete e di ostetricia; era anche
entrato nella "American Medical Association", finché, nel
1904 riuscirà a unire gli italoamericani in una grande organizzazione fraterna. Con lui, il 7 giugno 1905, erano presenti l'avvocato Antonio Marzullo, il farmacista Ludovico
Ferrari, lo scultore Giuseppe Carlino, lo scultore Pietro Vi-
scardi e due barbieri. Il nome del gruppo fu presto stabilito:
"Ordine Figli d'Italia in America". Nominato cavaliere dal
governo italiano, nel 1928 il governatore Alfred E. Smith
consegnerà a Sellaro la chiave dello Stato di New York, per
i suoi contributi medici e sociali dati alla comunità. Sellaro
morirà appena sessantaquattrenne.

La sua "OSDIA" ("Order Sons and Daughters of Italy in
America") è oggi la più antica organizzazione di cittadini
nord-americani di discendenza italiana. Anche grazie a essa
fu promulgata una legge sull'immigrazione, furono velo-
cizzati i processi di assimilazione, sostenuti e agevolati la
cooperazione tra paesi, il commercio, i rapporti diplomati-

ci, le iniziative sociali, l'istruzione, la cultura, la finanza, il sistema assicurativo.

Le storie e le persone a cui ho accennato rappresentano dei miracoli italiani. Sì perché noi italiani, per dirla con schiettezza e con veridicità, siamo dei veri specialisti nel contribuire a situazioni opposte ed estreme quanto lo sono le luminose notti estive e le tenebrose giornate invernali nel grande nord canadese. Nessun popolo come il nostro dà luogo a grandi catastrofi e a immense imprese con la medesima, intensa partecipazione. E può darsi che ciò susciti negli amici canadesi una certa ammirazione se non quando un impercettibile senso di invidia.

Come se un soffio di libero arbitrio portasse un incerto domani al più bel paesaggio della mia carissima Vancouver.

10
OSSERVARE

Bisogna guardarsi bene dal giudicare le società nascenti
con le idee attinte da quelle che non sono più.

Charles-Alexis Clérel de Tocqueville

Conoscere e comprendere un paese che non sia il proprio,
equivale a un puro esercizio di presunzione? Mi pongo questa domanda all'attimo di volgere il mio sguardo critico a
una nazione che amo molto e che non conosco altrettanto.
"Nessuno ha chiesto la tua opinione" mi si potrebbe obiet-
tare, sebbene un canadese non userebbe mai un tono così
provocatorio. Piuttosto tenderà a ignorare ciò che scrivo e
la situazione si complicherebbe ancor di più. Già, perché
nulla di tutto questo sarà rubricato sotto la voce *sciovinismo*. Nessuno al mondo è meno esaltato, meno fanatico e
meno fazioso di un canadese. Ma non solo: mi sentirei di
escludere che quello del soldatino napoleonico Nicholas
Chauvin sia un nome speso con frequenza nei salotti della
borghesia canadese. Né credo sia lassù risaputo che esiste
una versione anglosassone dello sciovinismo: il *jingoism*,
che l'Oxford English Dictionary definisce "patriottismo
estremista". Esso era nato nell'Inghilterra vittoriana per
bocca di una delle migliori star del music-hall, tal Gilbert
Hastings McDermott, il quale aveva acquistato per una ghi-
nea una canzone da George Hunt e ne aveva fatto una sorta
di inno al coraggio.

We don't want to fight but by jingo if we do,
We've got the ships, we've got the men,
and got the money too!

A cavallo tra i due secoli il *jingoismo* si ridusse, per natura e per cultura, a fenomeno tutto statunitense. Dell'adesione a tale modello sarà addirittura accusato il presidente
Theodore Roosevelt che per tutta risposta, l'8 ottobre del
1895, recapitò una lettera al "New York Times" da cui si
leggeva testualmente:

> Il gingoismo e lo sciovinismo sono concetti fondamentali per
> tenere salda la virtù degli americani e questi elementi aiuteranno
> il nostro popolo a essere rispettato dalle potenze straniere. Sì! Io
> sono gingoista.

Tutto assai distante da una mentalità, qual è la canadese,
profondamente consapevole dei primati e dei pregi che incarna. Non vi è alcuna incertezza su queste basi. Il popolo
canadese sa di godere di una qualità della vita complessiva-
mente insuperabile ed è normale che, da tali presupposti di
indubbia verosimiglianza, non è semplice avviare un dialogo aperto. Personalmente ho subito verificato in che misura
i dati e le analisi aderissero alla realtà: l'economia di una
nazione moderna e ricca di opportunità lavorative con un
tasso di disoccupazione accettabile e un salario medio tra
più elevati del mondo; le politiche ambientali caratterizza-
te dalla difesa di un sistema conservativo e incontaminato;
uno dei più bassi livelli di corruzione; una pressione fisca-
le abbastanza equa e adeguata alla qualità dei servizi; una
buona libertà di impresa, assistita sin dalla fase progettuale;
la gratuità delle scuole primarie e secondarie; il sostegno
garantito agli istituti specializzati per cittadini canadesi;
una buona assistenza sanitaria; un tasso di criminalità tra i

più bassi al mondo; un attivo scambio culturale ed economico con i paesi extra-americani.

La somma di questo elenco di virtù dà un risultato abbastanza scontato: il Canada e le sue metropoli salgono quasi regolarmente sul podio delle nazioni e delle città del mondo dove si vive meglio. Nel 2018 Vancouver si classificava quinta; a seguire, Toronto diciassettesima, Ottawa due gradini più sotto e Montreal ventiduesima. L'ultima classifica dei "Best Countries" pone il Canada al secondo posto tra la capolista Svizzera e il Giappone. I parametri di giudizio non sono del tutto campati in aria; infatti includono (in ordine percentuale crescente di valutazione): il patrimonio culturale e gastronomico (1,13%); la piacevolezza e il godimento sociali (2); la potenza politica (7,95); l'apertura al business (11,08); i mezzi di trasporto (14,36) l'influenza culturale e la moda (12,96); i diritti di cittadinanza, la cura dell'ambiente e le libertà personali (15,88); l'imprenditorialità; i macro-servizi (16,77); l'accesso al capitale, la tecnologia e le infrastrutture (17,87). Ora, se nella complessiva qualità della vita, la cultura, la gastronomia, la vita sociale e i suoi godimenti valgono il 3,13% del giudizio complessivo, è quasi matematico che in Italia si vivrà poco meglio che in Nepal, mentre in Islanda si starà una meraviglia. E per fare un esempio, i colti turisti francesi giungeranno con l'autobus in perfetto orario al ristorante di Ottawa da loro prenotato, dopo di che le loro papille gustative potrebbero affrontare una discreta *via crucis*. Cosa avrebbero preferito Madame e Monsieur Lafitte? Forse uno sgangherato taxi in un traffico senza uscita e una cenetta deliziosa annaffiata da un ottimo bordeaux? Direi di sì ma, essendo tutto relativo, io prendo per buone le statistiche dichiaranti che un ufficio postale con attesa di 2 minuti valga otto volte una fila di un'ora per contemplare la Cappella Sistina. E le prendo per ottime, oltretutto, poiché per me i parametri canadesi sono in effetti eccellenti. Lo sono, diamine, sebbene mi verrebbe da sollevare alcune questioni che proprio non sono di lana caprina. Ad esempio: cos'è davvero un ospedale efficiente? È davvero una eclatante dimostrazione di organizzazione sanitaria il fatto che, per riuscire a rivolgermi a uno specialista di cui ho bisogno io sia costretto a seminare il medico di base che mi è stato assegnato? E sebbene un fato diagnostico di questa portata mi preoccuperebbe, continuo a considerare il Canada uno dei luoghi migliori dove curarmi e dove vivere.

Il carattere del popolo canadese attinge a una storia che è difficile da circoscrivere. Quella sua storia narra di genti in movimento (i *First Nations*) che solcavano mari in tempesta e che attraversavano terre in apparenza non prodighe di tesori. Insomma quella sua storia narra di tanti destini individuali sopravvissuti alle intemperie, al freddo, alle epidemie e alla povertà. Secoli e secoli di incertezze, di instabilità, di resistenza... Ecco perché probabilmente il concetto di Patria rappresenterà per queste genti un'identità tardiva.

Non solo le enormi distanze ma soprattutto le grandi differenze tra di esse fanno sì che, ad esempio, ogni città canadese festeggi il Canada Day a suo modo. E se quello di Montreal avrà una sfumatura culturale, a Toronto, di anno in anno, sfilerà un futuro sempre meno prossimo, e i fuochi di artificio voleranno alti, quasi a superare il cielo.

E la mia Vancouver? Quella che delle tre era la città più nuova si distinguerà per un tipo di celebrazione poco ufficiale e per nulla solenne, durante la quale sventoleranno stendardi di associazioni civiche, vessilli di club sportivi e simboli di movimenti ambientalisti di un certo furore ideologico.

Con un testo moderatamente vaticinante- *2027. Tra Utopia e Profezia, la riscossa dell'umanità*- Alfredo Traversi immagina un network umano tessere una rete interculturale di relazioni in grado, a metà degli anni Venti, di contrastare un nascente sistema neo-feudale dell'universo.

A scuola iniziò a conoscere quel tipo di mondo che tanto la incuriosiva. I suoi compagni di classe erano canadesi, cinesi, italiani, bianchi, neri e gialli. Discutevano non solo di argomenti scolastici ma avevano quasi tutti altri interessi. In Canada era sviluppato l'associazionismo e molti dei ragazzi erano iscritti ad associazioni dei più vari tipi: religiose, ecologiste, antirazziali o anche hobbystiche. Ma esisteva anche un movimento studentesco che si proponeva, partendo dal sistema scolastico, di cambiare la società. Quella di Vancouver fu la prima palestra in cui iniziò a farsi le ossa la grande rivoluzionaria che Paula sarebbe diventata.

Dal brano di Traversi traspare l'immagine di un città molto vivace dove, tra i Sessanta e gli Ottanta, approdavano tanti giovani americani spinti dal terrore e dall'orrore di fare il loro Vietnam. Anche a costoro Noam Chomsky destinerà nel 1967 la dedica del suo libro più celebre, *American Power and new Mandarins*: "Ai coraggiosi giovani che rifiutano di combattere in una guerra criminale".

Si tratta di una parentesi che ci reintroduce al tema dell'identità nazionale. Nell'animo canadese coabitano elementi mediamente contraddittori: vi è una sincera adesione alla Natura, ossia una forma di individuale empatia con le terre, con gli oceani e con gli orizzonti a perdita d'occhio; nelle aree più impervie si conosce l'esaltazione della forza e della resistenza fisica, che attingono a un culto dell'esperienza estrema (il buio, la luce, la solitudine, la distanza, il pericolo, l'abbandono); vi è l'orgoglio tipico del paese immenso e, in quanto tale, capace di grandi imprese; vi è la fierezza dell'esser "pochi ma buoni", pochi ma sufficienti, pochi ma giusti; eppure resiste, allo stesso tempo, una tradizione che non è affatto comune o che addirittura marca una separazione tra la storia e la civiltà di una Nazione intera i cui abitanti, in origine, erano cresciuti da radici diverse. Penso per un attimo a cosa significhi profondamente il *comune possesso di una radice*. Quando ciò riguarda il linguaggio di un popolo o di un Paese, il tema si riferisce all'origine ancestrale e non convenzionale delle parole (se non quando di alcune lettere). La radice del linguaggio è la verità stessa dello Stato che si abita, In Canada questa comunità linguistica e statuale non si invererà mai e a nulla serviranno i contriti riferimenti al passato da parte di esponenti politici e amministrativi.

Il pensatore che più acutamente rifletté su *L'essenza del linguaggio* (tanto da intitolare così un suo geniale saggio) fu senza dubbio Martin Heidegger. Nel testo, e nell'opportuna citazione di Roberto Redaelli, il filosofo tedesco scrive che "dire significa mostrare: far apparire, dischiudere illuminando-celando nel senso di porgere ciò che chiamiamo mondo". Da qui appare chiarissimo che il linguaggio è ciò che parla ancor prima di essere quel che comunica; esso è un *dire radicale* che allo stesso tempo apre e nasconde un mondo. "Nessuna cosa è dove la parola, cioè il nome, manca. È la parola che procura l'essere alla cosa." Questa parola e questo volto che la pronuncia e che la abita in una casa particolare e inimitabile, li abbiamo fantasticati e conosciuti, sin da bambini, con il nome rassicurante di *eschimesi*; oggi si chiamano *Inuit* e, nella loro lingua madre, *inuktitut* significa *gente*. Era gente che sopravviveva grazie alle risorse marine e alla caccia. Era gente che si spingeva ovunque senza paura alcuna, sin nella tundra se necessario. Gente a cui il secondo conflitto mondiale e la guerra fredda avrebbe cambiato tragicamente abitudini e stili di vita. Costoro, oggi, vivono quasi tutti in insediamenti *post-war*, in edifici senza vita e senza storia, al cui inevitabile isolamento sopperiscono, fortunatamente, le varie tecnologie a disposizione: piattaforme televisive, pc, satelliti e telefoni fan parte delle comodità della vita moderna e in qualche caso fungono anche da narcotici. Gli altri nativi, i succitati "First Nations", sono di etnie, di lingue e di culture diverse; alcuni obiettivi politici e sociali li accomunano: il controllo e l'autonomia sul territorio e sui loro sistemi scolastici ed educativi, il riscatto dalle ingiustizie e dagli abusi subiti in passato.

Un paese di complessa semplicità, dove la certezza di vivere nel migliore dei mondi possibili si accompagna a quel tipico *inferiority-complex* che anima ogni sentimento di superiorità un po' colpevole; vi si nasconde il represso desiderio di essere accettati? Oppure un comportamento forzatamente mimetico? Nell'enigmatico nazionalismo canadese trapela tutto e il suo contrario, tanto che l'osservatore finisce per confondersi e per domandarsi: a cosa si deve questa contraddittoria uniformità? Innanzitutto a un dato certo: quello canadese è un popolo che, nella sua eterogenea composizione, si presenta incredibilmente unito. Lo lega assieme una sorta di comune e ineffettuale dichiarazione di multiculturalismo, il che ha creato nell'immaginario della popolazione delle figure mitopoietiche mai concepite. È come se, di padre in figlio, tutto ciò si sia trasmesso quale una *Neverending Story*, né lieta né amara: un *pantheon* di dèi estremamente concilianti, l'esplorazione e la scoperta di territori misconosciuti, l'ebbrezza di percorrere un Continente da oceano a oceano, e un nome che suona antesignano di qualsiasi dipinto canadese: quello di Elizabeth Adela Armstrong Forbes. Nata nel 1859 a Kingston, un sobborgo di Ottawa, da un funzionario del governo e da una madre di fresche origini inglesi, Elizabeth mostra doti artistiche non comuni, sì da convincere la genitrice a farle frequentare la "South Kensington Art School" di Londra. Morto il padre, ella rientra in Canada per poi viaggiare tra New York, Monaco di Baviera e Pont-Aven, in Bretagna, dove si lega a un gruppo di pittori simbolisti, uno dei quali si chiama Paul Gauguin. Lì approfondisce le tecniche di incisione e la loro poetica. I suoi primi lavori sono accolti con favore dalla critica londinese. Nel 1884 è in Cornovaglia, l'anno dopo in Olanda. Si ferma solo nel 1889, per sposare Stanhope Forbes, pittore anch'egli. In tarda età, Elizabeth diventa mamma. Dieci anni dopo la famiglia si trasferisce a Newlyn, un villaggio affacciato sulla Manica, dove inaugura una scuola d'arte, e dà vita a una battaglia politica per l'indipendenza delle donne artiste. Muore a cinquantatré anni di tumore. Commenterà Paola Naldi che "nei suoi lavori si trovano influssi dei preraffaelliti, degli impressionisti e dei realisti, in versione personale. La sua arte è suggestiva, con uno splendido uso di spazi e linee, unione di realtà e stilizzazione."

Avrei potuto portare altri esempi a lei coevi: di Emily Carr, che tanto risentirà del modernismo e che per prima introdurrà la poetica fauvista in Canada; della pittrice e attivista Mary Ella Williams Dignam, fondatrice della "Women Art Association of Canada", della quale mi colpisce un piccolo aneddoto: "Da ragazzina scambia due libri di testo di latino rilegati in pelle con una scatola di vernici." Circostanza rilevante di un elemento identitario che per noi europei sarebbe gravoso da sostenere, quello del mancato rapporto con ciò che è antico. Marshall McLuhan acremente dovette combattere con le amministrazioni competenti per evitare che un edificio storico di Toronto venisse abbattuto senza troppo pensarci. È insomma inevitabile che la lista di personalità valse a illustrare l'orgoglio canadese appartenga quasi interamente al XX secolo. Tra i meno celebrati sarebbe da rilanciare il nome di Fred Herzog, uno dei più grandi fotografi del Novecento. Tedesco di nascita, a ventidue anni si trasferisce a Vancouver dove, ben presto, si diverte a fare esperimenti di colore con la sua Kodachrome. Per anni il suo obiettivo sarà puntato sulle strade e sulla gente della Vancouver degli anni '50 e '60, immortalando una società e una cultura estranee ai *cliché* europei. Se invece mi regolassi sul metro dei Nobel, ben quindici volte il premio arriderà ai canadesi nei campi della medicina, della chimica e della fisica; per la Pace, oltre al citato Lester Pearson nel 1957, il riconoscimento andrà, una quarantina di anni più tardi, alla "Pugwash Conferences on Science and World Affairs", organizzazione non governativa impegnata sui temi della compatibilità tra sviluppo scientifico ed equilibrio geopolitico. Pugwash è soltanto un villaggio di pescatori a due ore da Halifax, in Nova Scotia, ed è proprio là che, per coincidenza di nuovo nel 1957, verrà fondata quella ONG. A ispirare la Conferenza di Pugwash era stato il manifesto redatto nel 1955 da Albert Einstein e Bertrand Russell, per convincere i governanti del mondo a valutare l'impatto di una guerra atomica nei confronti dello sviluppo della civiltà umana. Brevi cenni merita la letteratura: a Saul Bellow, americano di sangue canadese, il Nobel viene conferito "per la sensibilità umana e la sottile analisi della cultura contemporanea che si trovano combinati nella sua opera", mentre Alice Munro, che lo vince nel 2013, verrà definita "maestra del racconto breve contemporaneo". La sua mi appare come una delle più esemplari sintesi biografiche canadesi: nasce in Ontario, a Wingham, da una famiglia di allevatori e agricoltori. A diciott'anni vince una borsa di studio presso la "University of Western Ontario" e quasi subito pubblica i primi racconti. Nel frattempo fa la cameriera, oppure raccoglie tabacco, o lavora in biblioteca.

Due anni dopo si sposa e si trasferisce a Victoria col marito, James Munro; ha quattro figli, ne perde una piccolissima, e nel 1963 inaugura la "Munro's Books". Si separa e diventa "Writer-in-residence" alla "Western Ontario", si risposa. Ancor oggi, novantenne, è felicemente tra noi.

La sua potrebbe essere una storia di vita didascalica di un qualsiasi cittadino canadese che abbia attraversato un intero secolo mantenendo intatta la propria libertà di fare esperienza. L'essere in movimento e, allo stesso tempo, rimanere legati a un medesimo luogo, il conoscersi senza approfondirsi, l'anteporre il rispetto del prossimo all'amor proprio, il manifestare gioia con moderazione e dolore con un certo distacco, il mantenere quasi sempre la giusta distanza dagli eventi, dalle emozioni, dai conflitti, dalle passioni. La vita di Alice Munro rassomiglia, per indole, al carattere di una popolazione che ammira se stessa con giusta dignità e che però, da quella giustezza, sa che non è semplice uscire nel corso della vita quotidiana. Perché il Canada è la rappresentazione di un mondo privato dove tutto è vero o quasi, un "quasi" che pende sulla testa di ciascuno come un'ipotesi non formulabile, e con quel "tutto" che rafforza, cementa e rende intimamente insuperabile un oggetto, una persona, un pensiero *made in Canada*. E questo vale per tutti, sin da bambini, abituati come sono, i piccoli canadesi, a essere dentro e fuori di ogni diversità, in classi dove trovano ospitalità piccoli di ogni origine etnica e di ogni religione... in un paese dove i verbi *discriminare* e *tollerare* sono entrambi *ingiustificabili* e *inappellabili*.

Si cresce forse convinti che dopotutto "The world needs more Canada", salvo poi scoprire che vi è un "altrove" dentro di sé e in ogni luogo. L'orgoglio canadese riesce a frenarsi in virtù di quel benefico senso del pudore che rende ragionevoli i popoli maturi. Con saggia discrezione, per prima cosa si prende atto delle sofferte esistenze di popoli travolti dalla modernità e dalle conquiste del colonialismo, di conseguenza si accetta la coesistenza con altre genti e altre culture, poi se ne fa esperienza e infine si rientra a casa, ogni sera, con la serena soddisfazione di qualche obiettivo privilegio. Val la pena citare il più evidente: il Canada non abbandona mai i suoi figli, e lo affermo senza ironia alcuna, anzi con un pizzico d'invidia, perché a me pare che l'amata Mamma Italia ci abbandoni troppo spesso... Non che l'uragano di Terranova sia stata una catastrofe di poco conto, ma non è difficile, da parte nostra, accomodarci su un pulpito davvero confortevole. La xenofobia, l'egoismo, la retorica della libertà e dell'individualismo, sono risposte facilissime, adattabili a ogni situazione, anche laddove risultino pericolose. Il popolo canadese non si sente chiamato a liberarsi da alcunché, né gli pesano più di tanto quelle forme di assistenzialismo che talvolta vengono evocate come sperpero della ricchezza nazionale. Lo stato canadese tende a proteggere i suoi cittadini, considerati alla stregua di "beni pubblici" e non già di persone singole. Il cittadino ha dei diritti talmente acquisiti che non vi è alcun bisogno di rivendicarli, com'è spesso uso nei paesi mediterranei. Va da sé che il sistema venga quasi sempre incontro alle necessità dei suoi rappresentati. Mentre per gli italiani i governi di minoranza (che serenamente si succedono in Canada come, ad esempio, nelle nazioni scandinave) sono un mistero politico che chissà cosa nasconda, per quei popoli sono un fenomeno del tutto normale, poiché giammai sarebbe pensabile un esecutivo incapace di guardare, qualora occorra, all'interesse nazionale. Ciò verrebbe considerato un tradimento dei valori fondanti la nazione medesima. Eppure in tanta "perfezione" pescherò qualche difettuccio. In pari misura dotata di autostima e di autocritica, entrambe silenti, la maggior parte dei canadesi mal sopporta che un giudizio provenga dall'esterno. "Never take your dirty laundry to work"… E così, dinanzi al legittimo appunto di un ospite, loro si estraniano, si irrigidiscono e infine si sottraggono alla normale dialettica, che poi significa scambio, reciproca consapevolezza, localizzazione dell'esistenza altrui.devo anche dire che nei miei anni canadesi ho collezionato alcuni aneddoti privati che mi hanno persuaso circa l'opportunità di non cercare il pelo nell'uovo, di non argomentare capziosamente all'italiana, e cioè di non applicare all'estero l'italica abitudine che, a lungo andare, è sfociata in forme deleterie di anarchia e di insurrezionalismo represso.

So bene che, per chiunque volesse attaccarla, l'Italia sarebbe un bersaglio facilissimo. Vengo da un paese dove non funziona quasi nulla, tranne la libera, inutile polemica, sicché ben presto mi sono arreso all'evidenza: avevo compreso che in Canada la critica allopatica era tollerata a condizioni determinate e raramente coincidenti. In Canada, come in quasi tutti i paesi che funzionano benino o benissimo, molti italiani mediamente incontinenti e urticanti si sono trovati a contestare regole che non condividevano, senza capire che l'osservanza oggettiva delle regole rappresenta, in fondo, il punto di reale forza di quei sistemi, il che affermo con sincera ammirazione portando l'esempio di un secolare esperimento fallito, di un paese cioè nel quale qualsiasi regola viene interpretata, svicolata e usata a piacimento dal singolo cittadino. "Fatta la legge trovato l'inganno" è d'altronde un proverbio disastrosamente italiano. In Canada la pensano diversamente: "Fatta la legge, la si rispetta!" E hanno ragione. La regola non ha infatti alcun valore coercitivo. Essa rappresenta un criterio di metodo. Se tutti vi si attengono, il sistema continua a funzionare. Se tutti la interpretano, il sistema sbanda nel caos più insensato. Ma c'è di più: coloro che garantiscono il funzionamento della regola, anche della più inetta, sono i cittadini stessi, i quali non solo la rispettano ma addirittura praticano un clamoroso esercizio di autocontrollo collettivo in virtù del quale non si discute continuamente e vanamente quel che la Camera dei Comuni ha deliberato.

Vi è un'altra prassi canadese, non scritta, che a me pare fantastica. Recita che tutti hanno gli stessi diritti, e non soltanto dinanzi alla legge; anche in un bosco, in treno, per la strada… ovunque. L'immagine abbastanza desueta di un primo ministro che fa la sua regolare fila a una cassa è troppo retorica e non chiarisce il profondo significato dell'egualitarismo nazionale. Ve lo immaginate Justin Trudeau che passi avanti ai cittadini in attesa, mentre la scorta dice "Largo al Premier!"? Al contrario lo sdegno popolare dinanzi a un qualunque sopruso non sottintende né una rivendicazione sociale né una rivolta contro la classe politica. Esso chiarisce un concetto di disarmante semplicità. Tanto il Primo Ministro quanto il cassiere del grande magazzino svolgono il loro lavoro. E tra le due mansioni non ve n'è una prioritaria. Entrambe hanno la medesima dignità, entrambe servono il Paese. Sono questi, probabilmente, i caratteri nazionali che trasformano una comunità di persone in una civiltà avanzata…

La nozione di "parità di persona" risale al "Bill of Rights" del 1689 e alla Costituzione degli Stati Uniti, laddove il termine "persona" viene caratterizzato dall'esercizio di diritti e di doveri fondamentali. Ciò in punta di diritto. Applicato alla vita quotidiana, il concetto sussume la pratica di un enorme numero di comportamenti collettivi e individuali volti a riconoscere la parità ontologica tra tutti i cittadini. Non vi è chi sia meglio o più importante di un altro, per cui tutti saranno trattati allo stesso modo dagli apparati dello Stato come dai concittadini. Quel che si chiama "riconoscimento sociale".

Applicato ad alcuni campi specifici, l'egualitarismo può provocare dei guai. È il caso dell'istruzione. Può accadere che un sistema educativo si basi sul paradossale principio secondo cui qualsiasi dimostrazione di eccellenza, di talento o di superiorità venga considerata problematica per la comunità scolastica. Primeggiare e differenziarsi non è bene. Omologarsi e adeguarsi non è male. L'applicazione di un criterio di "medietà" riduce un sistema pedagogico a una specie di zona di sicurezza dove bambini e adolescenti sono tenuti a distanza dal giudizio dei loro insegnanti. A parte le lingue, che gli studenti canadesi imparano presto a maneggiare correttamente, e una grande capacità nell'utilizzare quanto offerto dall'ambiente circostante, la scuola tende ad abituarli a una realtà in cui tutti risulterebbero eguali sul piano dei valori e delle conoscenze, in un sistema dove non conta mostrare quelle passioni e quelle capacità che, al contrario, è meglio dissimulare in un universo un po' omogeneo. Da quello che ho colto, un sistema pedagogico come quello canadese rischia di diventare fuorviante allorché i discenti vengano considerati alla stregua di esseri umani da accogliere e non da giudicare, se non nell'ambito di taluni valori universali attribuibili a chicchessia.

Diversamente, nel Vecchio Continente, si può osservare una certa propensione verso le competenze piuttosto che per le conoscenze. Tenendo conto, con le dovute cautele, delle differenze tra Stati, il fine sembrerebbe quello di inserire nel mondo del lavoro e delle professioni gli studenti maggiormente "abili", così trascurando l'importanza della preparazione negli studi umanistici, letterari, scientifici, matematici, geografici, storico-filosofici.

***

La domanda che segue non suoni come la violazione di un tabù: il Canada è o non è il felice esempio di una società multietnica? Se mi baso sul fatto compiuto di un tessuto nazionale che è stato cucito come il più preciso dei *patchwork*, la risposta è sì. Ma esistono preoccupazioni di tipo linguistico o culturale dinanzi a un *individualismo comunitario* sempre più crescente? Vi è o no una separazione piuttosto netta tra la quasi secolare, acquisita emancipazione della donna canadese e l'atavica condizione a cui altre donne soggiacciono in certe famiglie e in certe comunità di recente immigrazione? Risulta o no attiva una criminalità organizzata proveniente da altrove? Persistono o no problemi legati agli abusi di alcool e di droghe?

In realtà, i dati statistici delle polizie metropolitane non sono troppo confortanti; da alcuni sondaggi cresce un maggioritario auspicio, da parte dei cittadini canadesi, per un vero impegno degli immigrati a integrarsi nella società ospitante; quel "primo Stato post-nazionale del mondo" esaltato dal Premier Trudeau rischia tuttora di rimanere ciò che era in partenza: un ossimoro. Nulla ha evitato le esplosioni di follia di certe belve solitarie, ipnotizzate da ideologie estremiste e sovraniste che mescolano vertiginosamente vittime e carnefici. Da questa guerra globale, in cui qualsiasi nemico può comodamente nascondersi dietro un *nickname*, nessuno è esente, nessuno è assolto. Nemmeno in Canada

Alcune annotazioni del filosofo Mario Perniola, a suo tempo *visiting professor* alla University of Alberta, sul caso italiano possono rivelarsi utili:

> Nel momento in cui la giustizia, la sanità e le accademie collassano, si manifesta finalmente il dubbio che il furore contro le aristocrazie scientifiche, intellettuali e burocratiche abbia portato al trionfo delle oclocrazie, cioè al governo dei peggiori. Spacciare l'oclocrazia per democrazia è un errore fatale che

gli antichi Greci non avrebbero mai commesso. D'altronde è molto riduttivo e addirittura narcotizzante riportare nell'alveo del neo-nazismo, del neo-fascismo, dell'anarchismo, del populismo tradizionale o dell'anti-semitismo, la rabbia che cova nelle società euro-americane. Tale sentimento di ira impotente appartiene al mondo della globalizzazione e non alle ideologie politiche di cent'anni fa. Esso non trova un'espressione teorica e si veste perciò con i panni del passato, così come gli insorti della Rivoluzione francese si travestivano da antichi Romani. Trovo fuorviante bollare tutta questa vasta insurrezione col nome di antipolitica, perché essa è alla ricerca di una politica differente da quella ideologica: ora questo è un compito che non può essere svolto né dai demagoghi, né dai comici, ma da un'intelligentsia, che non sia più disposta ad accodarsi a questo o a quel partito, a questa o a quella ideologia. Nel passato la teoria era sempre più avanti del movimento sociale; ora avviene il contrario. Ci troviamo dinanzi a una rivolta in atto, ma fanno difetto gli strumenti teorici per pensarla.

***

In un certo senso il caso del Canada, con le sue numerose virtù e con quei pochi vizi che lo rendono un paese ancora più umano, non smette di stimolarmi per quel che rappresenta davvero: un laboratorio avanzato del mondo, una regione dell'Occidente da dove ha avuto inizio un progetto totalmente post-ideologico. La globalizzazione non è stata oggetto di teorie né di sofismi sulla liquidità o sulla solidità del pensare contemporaneo. Si è posta in essere una società che realizzava il superamento di ogni differenza e di ogni separazione. Si è attuata una forma d'integrazione che neanche lontanamente assomigliava a un assorbimento culturale e sociale, bensì alla costruzione di una comunità del presente e dell'avvenire.

So bene che il *Canada-lab*, quale movimento sociale che anticipi ogni teoria politica, potrebbe riuscire alla grande o fallire miseramente. Nel secondo caso seguirebbe i già avvenuti disastri europei e americani... Ma se mai accadrà che quel laboratorio diventi un'officina avanzata, beh io festeggerei quell'incredibile vittoria come un sovvertimento epocale. E se potrò raccontare di essere stato, nel mio piccolo, testimone di un cambiamento così importante, mi sentirò come un alce all'atto di contemplare quegli antichi letti di fiume chiamati *esker*, che migliaia di anni fa scorrevano sotto infinite lastre di ghiaccio e che oggi rialzano le loro sponde di sabbia e di ghiaia sopra la tundra. È il tempo in cui il Canada sta provando a ridisegnare i suoi innumerevoli laghi, l'uno dall'altro distinti come i volti dei suoi abitanti, e in fondo penso di appartenere a questo luogo del mondo che mi ha ospitato per un tratto della mia vita, da dove qualche volta, affacciato al mio balcone sul Sea Wall, ho immaginato la sorpresa dei miei cari se solo avessero respirato un'aria tanto diversa dalla loro abituale, in quegli immensi spazi tra cielo e mare dove forse si trovano adesso, a godere del tempo infinito della bellezza.

11
ORTONA

"Dì a Monty che se venisse in questo inferno,
a vedere in quale pantano ci siamo ficcati,
saprebbe benissimo perché
non avanziamo!"

General Christopher Vokes

È una cittadina italiana che alcuni di voi lettori, probabilmente, non hanno mai sentito nominare. Una cittadina
nata come piccolo porto florido di commerci per i frentani,
un popolo stanziato nel sud-est della penisola, in un'area
che sarebbe stata romanizzata prima ancora che quelle genti di origine oscie diventassero autonome per davvero. E le
mura, dinanzi a cui il mare incurva le sue onde come se volesse sfiorare appena quell'alta cinta di pietra. Vi narrerò di
Ortona e comincerò dalle sue bellezze naturali, come l'antico orto del convento di Sant'Anna, o la costa dei Trabocchi
con le sue spiagge sassose; o come la Punta dell'Acquabel-
la, presso cui, ai piedi della torre del Moro e della Basilica
di San Marco (IX secolo), si adagia un suggestivo borgo di
pescatori. E infine, semmai possiate arrivare sin lì, vi farete
certamente accompagnare al lido dei Saraceni, nel piccolo
golfo portuale così denominato in memoria dello sbarco dei
Turchi dell'agosto 1566, allorché un centinaio di navi capi-
tanate da Piyale Paşa invasero quel lembo di terraferma. È
davvero una storia agitata, quella di Ortona, nel Medioevo

occupata prima dai Bizantini, poi dai Normanni, sin quando Federico II di Svevia e Carlo I d'Angiò le restituirono tali benefici commerciali da permettere che la splendida città diventasse il primo porto degli Abruzzi. Ad aumentare il prestigio cittadino occorrerà un sacro evento, quale la traslazione delle reliquie di San Tommaso Apostolo, il che fu opera del capitano Leone Acciaiuoli. Ma le fortune di Ortona, invise agli aragonesi e ai veneziani, portarono agli infeudamenti degli spagnoli e degli austriaci e a una sorta di calma piatta che sarebbe durata fino all'assedio napoleonico dei primi Ottocento. Nel secolo seguente la città rifiorisce tra arti, poesia e musica, grazie a personalità del calibro di Basilio Cascella, di Gabriele d'Annunzio, di Francesco Paolo Tosti... fino al Natale più cupo della sua storia, a quel Natale del 1943 in cui la vita di Ortona viene stravolta dall'occupazione nazista e da una delle battaglie più tragiche che la Seconda Guerra Mondiale consegnerà ai suoi Annali; in quella settimana tra il 20 e il 28 dicembre 1943 i tedeschi trovarono, a intralciare la loro volontà di non cedere di un passo dalla linea Gustav, un esercito parimenti forte e inarreso, pronto a qualsiasi sacrificio per liberare quel lembo di splendido mare Mediterraneo dall'occupazione nazista: quelle migliaia di ragazzi erano guidati da un generale coraggioso. Lui si chiamava Christopher Vokes e i suoi soldati ubbidivano a un grande esercito alleato e a una bandiera, quella canadese.

Ortona era un punto del destino. Ortona era il terminale di una linea che iniziava a Minturno e che i tedeschi avevano denominato Gustav soltanto per la compitazione alfabetica della lettera G. Tra due fiumi, il Garigliano e il Sangro, nell'ottobre del 1943, l'esercito del III Reich aveva approntato una trincea difensiva volta a respingere, a est come a ovest, la risalita degli Alleati verso Roma. Per oltre 220 chilometri era un susseguirsi di fosse e di bunker, di argini e di valli che, uno dopo l'altro, formavano una considerevole impresa di genio militare. Come a Minturno e come a Cassino, anche a Ortona i militari tedeschi avevano preteso di insediarsi nelle abitazioni di un certo rilievo strategico, al che si aggiungeva la spietatezza di requisire alla popolazione, non solo armi, mezzi di trasporto e carburante ma anche beni di famiglia e alimenti. Agli ortonesi nessuna bruttura sarà risparmiata.

Lo scontro fu diretta conseguenza della campagna militare nell'area del fiume Moro. L'offensiva, lanciata dal generale Harold Alexander, aveva la dichiarata intenzione di sfondare la Linea Gustav, di lì arrivando a Pescara e infine, lungo la via Tiburtina, di entrare a Roma, e liberarla. Posta così, sembrava l'annuncio di una parata militare. Quel che ebbe luogo, invece, fu una carneficina.

Tra Termoli e Vasto il generale britannico Bernard Law Montgomery aveva prevalso in una battaglia importante, eppure i tedeschi non gliel'avevano data vinta, tanto da arretrare, fortificarsi più a nord e distruggere qualsiasi infrastruttura fosse risultata utile agli Alleati.Il 3 dicembreMontgomery fu incaricato di preparare lo sbarco in Normandia; il suo vice Alexander prese in carico l'VIII Armata. Restavano sul terreno la prima divisione canadese comandata dal generale Vokes e lo Fallschirmjäger Regiment, un battaglione esperto, equipaggiato, valoroso a cui Hitler aveva affidato un ordine perentorio: "Die Festung Ortona ist bis zum letzten Mann zu halten!" E cioè che Ortona doveva essere difesa fino all'ultimo uomo. Ma la posizione del Führer appariva tanto controversa che Albert Kesserling,

Comandante in Italia, ci tenne a mitigare quella posizione intransigente. Per lui Ortona non era affatto un avamposto determinante, sebbene il problema stesse negli altisonanti annunci degli inglesi. Di fatto i combattimenti furono durissimi; in un commento dal fronte il "New York Times" si chiedeva quale fosse la nascosta ragione per cui i tedeschi avevano trasformato Ortona nella Stalingrado italiana.

A ciò lo studioso Marco Patricelli intitolerà il suo appassionato saggio:*La Stalingrado d'Italia. Ortona 1943: una battaglia dimenticata.* In un intervento del 1° dicembre 2011 al Teatro Tosti di Ortona, dedicato a un progetto fortemente simbolico ("Verso il Gemellaggio: Ortona Stalingrad 1943-2013"), Patricelli, che è un serio studioso, sottolinea che nulla vi sarà mai come Stalingrado. Milioni di vite umane straziate o uccise dalla fame, dal piombo o dal gelo; Stalingrado, per nove decimi conquistata eppure mai doma, che si difende in un corpo a corpo, metro per metro, stanza per stanza… "Guardate, sono le stesse parole che sono state utilizzate per la battaglia di Ortona, che segue Stalingrado di quasi un anno. Prima di Stalingrado e di Ortona la battaglia urbana era stata relegata alle memorie del Medio Evo." Ma ancor prima del fatto simbolico, Stalingrado e Ortona erano altrettante toponomastiche di un obiettivo strategico assai simile: accerchiare il nemico per poi prenderlo alle spalle: valeva per i pozzi petroliferi in Unione Sovietica e valeva per Roma, presa a est, stringendo il nemico verso il mare, obbligandolo a una ritirata confusa. "Stalingrado sarà in forma eclatante quella che sarà la battaglia di Ortona perché ambedue le battaglie perderanno il loro obiettivo strategico e si parcellizzeranno in una serie di obiettivi tattici, che poi hanno in mezzo, non i grandi generali ma l'uomo comune: il soldato, il contadino, il giovane, l'idealista, cioè colui che della guerra scorge il volto peggiore..." I numeri non sono comparabili ma i cecchini erano impegnati sui due fronti con la loro spietata, razionale precisione: prima di sparare, quelli tedeschi controllavano i gradi della prossima vittima.

"Non furono i tedeschi a chiamare Ortona la*Stalingrado d'Italia* – dirà Patricelli – non furono nemmeno i canadesi. Era talmente forte l'immagine del combattimento casa per casa, piano per piano, stanza per stanza, che quando si ripeté, unico caso sul fronte occidentale, il paragone fu immediato e ne parlarono tutti i giornali. Se per ventiquattr'ore, sul fronte occidentale, non accadeva nulla, Hitler in persona dal bunker chiedeva notizie di Ortona, come se da Ortona dipendessero le sorti della Campagna d'Italia. Ed è abbastanza disarmante leggere i documenti dell'epoca, allorché da una parte e dall'altra ci si domandava perché si stesse combattendo. Si venne a creare un mix letale di orgoglio e di propaganda: i tedeschi difendevano Ortona perché i canadesi volevano conquistarla e viceversa. Le vittime di questo gioco spietato furono soldati nemmeno diciottenni, furono i civili, e cioè coloro che, quando si trovavano tra due fuochi, avevano solo da perdere."

Per decenni, su questa tragica battaglia che sarebbe costata la morte di migliaia di ragazzi, e poi di bambini, di donne e di persone inermi, gli storici cercheranno le ragioni profonde di quell'accanimento senza fine e senza resa. A tal fine grande attenzione avrebbe meritato uno studioso francese il quale, per un ventennio e fino al 1995, aveva insegnato alla "Stanford University". La ricerca di René Girard, sin dagli inizi impegnata nel campo dell'antropologia filosofica, influirà sulla critica letteraria, sulla psicologia, sulla storia, e sulla sociologia delle religioni; tale ampiezza di orizzonti si doveva a un'idea di partenza secondo cui ogni cultura umana era basata sul sacrificio come via d'uscita dalla violenza mimetica tra rivali.

Qui stava il nocciolo della questione. Girard era partito da due tragedie: da*Edipo Re*e da*Le Baccanti*. Egli aveva intuito che una profonda differenza le separava: nella prima aveva luogo un conflitto che interessava oggetti determinati; nella seconda "la rivalità verteva sulla divinità stessa, ma dietro la divinità non c'era che la violenza." Ne conseguiva che, se prima veniva l'oggetto, poi il convergere su di esso di due rivali e, infine, lo scatenarsi della violenza, ora saremmo dinanzi alla fenomenologia di una rivalità attraverso cui è la violenza stessa a originare il valore di un oggetto. La questione del*mimetismo*è tutta incentrata sull'analisi del desiderio: non soltanto vi sarebbero un soggetto desiderante e un oggetto desiderato ma soprattutto interverrebbe la figura del rivale, vale a dire di colui che, per definizione, desidera il medesimo oggetto agognato dal soggetto. Eppure l'individuazione dell'oggetto conteso non basta a spiegare, secondo Girard, la dinamica della legge generale del conflitto: "Il soggetto desidera l'oggetto perché lo desidera il rivale stesso. Desiderando questo o quell'oggetto, il rivale lo indica al soggetto come desiderabile. Il rivale è il modello del soggetto, non sul piano superficiale dei modi di essere, delle idee e così via, bensì sul piano essenziale del desiderio."

E scatta il*Kydos*, come nel caso di Ortona. Il*Kydos*rappresenta il fascino della gloria che la violenza esercita sugli uomini, in quanto esso decuplica la potenza di chi lo possiede e annichilisce sino all'immobilità colui che ne è privo.

"Quando la rivalità diviene talmente acuta da distruggere o disperdere tutti i suoi oggetti concreti, allora assume come oggetto se stessa, e questo oggetto è il Kydos." A parere di Girard, da questa genesi della violenza si transita per momenti successivi lungo i quali la violenza scatenata sarà tale da tralasciare, dapprima il valore e infine l'esistenza dello stesso *oggetto del contendere*, il che significa che "ci sono ormai solo degli antagonisti che noi designiamo come doppi poiché, dal punto di vista dell'antagonismo, non li separa più nulla."

René Girard, senza riferirvisi volutamente, ci aveva spiegato perché Ortona era stata distrutta: per una follia mimetica che aveva raggiunto il grado massimo della sua possibile intensità.

Epperò quelle resteranno per sempre le nubi di un dicembre drammatico, quelli i fatti della storia che da tempo sentivo appartenermi. E finalmente Giuliano e io siamo giunti a Ortona, ospiti a pranzo dell'amico Rocco Di Marzio. Fine settembre, quel mese che, se hai la fortuna di goderlo in un paese mediterraneo, significano giornate estive e un sole che non si arrende ancora mentre a nord l'autunno già incombe e si annuncia un lunghissimo periodo di freddo. Siamo seduti in una terrazza del "San Domenico", piccolo, raffinato ristorante di pesce. Ci sono delle missioni che iniziano e terminano sotto i segni della coincidenza e della buona sorte. A servirci è una ragazza gentile e sorridente. Le accenniamo alla ragione per cui ci troviamo lì in quel momento. A Gaia si illuminano gli occhi. Ci racconta che suo nonno, Giovanni Cichelli, un liberale di grande spessore politico e umano, era stato per anni una figura eminente dell'amministrazione comunale ortonese, ricoprendo ruoli di responsabilità. Nonno Giovanni sarebbe morto a 102 anni e quell'incontro con sua nipote Gaia ci era parso una sorta di annuncio favorevole.

Tant'è, dopo un paio d'ore entriamo in uno storico, bellissimo albergo. "Torre Baglioni" è in un complesso monumentale architettonico-archeologico del XII secolo che domina la cinta muraria sottostante. Dapprima proprietà lombarda, dei baroni Bernardi, poi aggiornata da un intervento rafforzativo di Alfonso d'Aragona nel Quattrocento, nel 1780 la Torre passa di mano tra i marchesi napoletani Salzano De Luna e i Conti Baglioni di Civitella Messer Raimondo. Nuclei borghesi gestiranno la Torre durante tutto il Novecento fin quando, nel 2005, le famiglie Di Martino e Della Loggia la rileveranno avviando un benemerito processo di restauro e di valorizzazione.

Siamo appena entrati, dunque, in una esclusiva corte interna che si apre verso le vestigia dell'antico quartiere medievale. Quando ci accoglie, di Remo Di Martino non sappiamo nulla ma ci basterà un'ora di dialogo, di curiosità e di confidenza per capire che egli incarna una memoria storica di Ortona. Di più, che ha dedicato la sua esistenza a ravvivare costantemente il ricordo di una città che, meno di ottanta anni prima, giaceva sulla mappa d'Europa ferita a morte, come un campo di macerie e un ossario a cielo aperto. Con il trascorrere del tempo Remo si è sempre di più impegnato, con una costanza e con un civismo impareggiabili. a riscattare il dolore del passato e a mutarlo nel presente della sua città. E così, trasformando le cicatrici in carni vive, Remo ha tessuto delle importanti relazioni tra Ortona e il Canada, tra i suoi morti abruzzesi e i loro morti oltreoceano, lontani, lontanissimi dai genitori, dai fratelli e dalle sorelle, dalle fidanzate che li aspettavano, senza aver mai capito del tutto il perché di quel loro definitivo sacrificio. Remo Di Martino ha collezionato e archiviato gli articoli, i libri e le testimonianze, le verità storiche come le pure leggende, e lo ha fatto in modo da riunire due popoli e due culture nell'unico luogo ove fosse possibile farlo, in terra frentana. Soprattutto per questo ha creato "Crossroads", una associazione culturale che ha, come obiettivo statutario, la valorizzazione del patrimonio culturale, storico e artistico della città di Ortona e, in particolar modo, il sacrificio delle truppe canadesi.

E allora, nel tardo pomeriggio, ci muoviamo verso la terra dove tutto era incominciato, verso il caseggiato che, nel marzo 2014, sarà ufficialmente riconosciuto "Monumento Nazionale".

"Casa Berardi – si legge nella motivazione – oltre a essere monumento degli eventi, rappresenta un caposaldo essenziale per la rilettura storica delle strategie messe in atto per la liberazione di Ortona, tale da essere conservata e affidata alle generazioni future".

Proprio attorno a questa casa, tra l'11 eil 15 dicembredel 1943, lo strenuo presidio dell'esercito tedesco fu conquistato e tenuto eroicamente da un manipolo di canadesi al comando del capitano Paul Triquet il quale, per questa sua azione, guadagnerà la prestigiosissima "Victoria Cross", massima onorificenza imperiale. Nei pressi dell'edificio c'è l'albero tenuto al meglio da Guido che con la famiglia cura anche lo spazio in memoria dei canadesi, donato da suo padre a questo popolo, dove c'è un monumento: il giglio.

Vista dall'alto, casa Berardi è un palazzetto primi Novecento circondato da una vegetazione serrata, varia, per
niente invasiva. Posizionata su una collinetta, un ampia
facciata del caseggiato domina una valle che, da uno sterrato a essa prospiciente, consente di osservarla per una linea
curva di almeno tre chilometri. Il primo attacco del reggi-
mento canadese verrà chiamato e sferrato da edifici che i
tedeschi potevano controllare ma non certo colpire, dato il
distanziamento tra le rispettive posizioni. Tant'è che una
violenta schermaglia si verifica non appena gli uomini di
Paul Triquet si avvicinano quanto basta a esser colpiti. Nel
momento in cui essi decidono per un'offensiva aperta, i tedeschi, appostati alle finestre del secondo piano della Casa,
contrattaccano con una insostenibile intensità. Ma ciò non
è che il principio.

Quando giungiamo alla Casa, il pomeriggio è ormai inol-
trato. Veniamo accolti con simpatia da Guido e da Fabrizio
Berardi. Subito ci guidano in quella che ottant'anni prima
era una stalla e che ora è un salone ricco di cimeli. Tale è la
fratellanza venutasi a creare grazie alla storia vissuta, che la
Casa è sempre rimasta aperta alle visite dei reduci, se non
proprio dei sopravvissuti, della battaglia. Triquet sarà forse
il più assiduo tra i visitatori illustri, almeno sino al 1977, tre
anni prima di morire. "Se alla nostra porta bussa un canadese – amava dire il Colonnello Lanfranco Berardi – egli è
certamente un amico."

Il generale di brigata Paul Triquet fu un grande amico di
quella gente. Era nato a Cabano, in Québec, sarebbe morto
con i gradi di generale di brigata e durante la Seconda Guerra Mondiale era un trentenne capitano del Royal Vingt-deu-
xième Régiment della Royal Canadian Infantry Corps. La

motivazione per il conferimento della Victory Cross recitava così:

> Il 14 dicembre 1943 durante l'attacco a Casa Berardi, in Italia, allora quando tutti gli altri ufficiali e metà degli uomini della sua compagnia venivano uccisi o feriti dal fuoco nemico, il capitano Triquet accorreva in prima linea e, con gli uomini rimasti, sfondava la resistenza nemica. Dopo di che si faceva strada con le residue forze rimaste a suo sostegno – due sergenti e quindici soldati – in una posizione assai prossima a Casa Berardi. Qui resisteva agli attacchi di forze a lui preponderanti fino a quando, il giorno successivo, il resto del battaglione non lo sollevava dall'impresa. In ogni fase della sua azione, il totale sprezzo del pericolo del capitano Triquet, unito al suo continuo e vitale incoraggiamento, saranno un'ispirazione per i suoi uomini.

Come per tutti i siti segnati dalla storia, Casa Berardi è oggi un luogo che in qualche modo, da solo, supera ogni umana testimonianza, sia essa molto dettagliata o altamente drammatica, non importa. Dalle sue mura come dai minimi segni delle ogive che tuttora le segnano, dagli alberi che funsero da altari per ogni preghiera sotto il cielo come dai disperati nascondimenti dal fuoco nemico, dalle immagini che, di parete in parete, pare seguissero una narrazione su cui mai verrà scritta la parola fine… Da tutto questo emana una potenza mitopoietica del luogo, ovvero di quel che resta a prescindere dall'esistenza e dalla fine di tanti esseri umani che pure lo avevano vissuto, abitato, difeso con orgoglio. Vi sono terre insomma la cui narrazione è talmente incisa nella morte e nell'amore da regalare a chi le visita con sincera partecipazione, e senz'altro a noi stessi in quel22 settembredel 2020, un'emozione irripetibile. Ci sentivamo immersi neil'aura della storia, in uno spazio così intimo e silenzioso che, tra quelle mura e noi, tra quella valle e noi, non vi era più alcuna separazione, né fisica né mentale. L'aura di quella magione stava nell'atmosfera unica ed evocativa che contrastava ogni senso di realtà. Era come se su quello spazio intransitabile ci trovavamo noi e nessun altro, oppure noi e quei soldati caduti, con le loro divise e gli affetti che avevano perduto, senza capire, sulla terra di Ortona.

Stefano Durante, testimone, ricorda che versoil 3 dicembreincominciarono i cannoneggiamenti canadesi. Lo speaker di una radio canadese dell'epoca commenta in diretta gli accadimenti: "Sono le16:30, l'attacco è in corso, i cannoni stanno sparando di nuovo. Meglio che io posizioni il microfono fuori." Si ode in lontananza un frastuono assordante che la registrazione*live*coglie appieno durante il bombardamento delle posizioni nemiche. "Sono stati momenti duri", afferma lo speaker mentre si ascoltano le urla di terrore e di morte della popolazione. Ma in questo frangente il generale Chris Vokes commette un grave errore e decide di lanciare la fanteria in un inutile assalto frontale per conquistare Casa Berardi, postazione da cui può controllarsi un ampio territorio. I proprietari della Casa si trovano in mezzo alla linea di fuoco. Tra essi c'è un bambino di 10 anni, si chiama Fernando Berardi. Cosi ricorderà quelle terribili ore: "Ci siamo rifugiati tutti quanti nella stalla con i contadini. Sono iniziati i bombardamenti. Tremendi. Nella stalla entravano il fumo e la polvere da sparo. Ricordo che abbracciai mio padre e piangendo gli dissi che non volevo più restare là, che volevo andare via."

Dopo quell'inutile spargimento di sangue e di orrore, sarà appunto il capitano Triquet ad aggirare le difese tedesche e a conquistare il casale. A seguire la battaglia si sposta alle campagne adiacenti. Sarà un gioco di nervi. Una mattina un plotone di canadesi entra in un podere poco lontano dalla Casa. Appartiene alla famiglia D'Adamo. Lì dentro trovano donne, bambini e un uomo in camicia nera. Si chiama Tommaso, è il capofamiglia. Franco D'Adamo era allora un bambino. Dopo tanti anni ricorda così quel drammatico episodio: "Fu immediatamente scorto e messo al muro, perché i militari alleati immaginavano si trattasse di un fascista." Ma ciò non è. La camicia nera rappresenta invece il segno di lutto che l'uomo esibisce in permanenza per la morte della giovane moglie. Dopo aver perso la mamma, Franco sta per assistere alla fucilazione del padre. I soldati avevano tirato fuori le mitragliette. "I nonni e lo zio capirono la gravità della situazione." I tre supplicano gli alleati di non farlo ma questi ultimi sembrano irremovibili. Tommaso è con la schiena al muro. Sua madre compie un tentativo disperato.

La nonna prese a forza il militare più deciso a giustiziare papà e lo portò in camera da letto. Gli mostrò, in una bacheca, la fotografia di mia madre. Era ancora riscaldata dai lumini. Era ancora circondata di fiori. Finalmente il militare si convinse del fatto che si trattava di una persona defunta. La camicia nera era un segno di lutto, non di fede al fascismo. La mitraglietta era puntata verso la foto, partirono erroneamente sette colpi. Questo suo quadretto io lo conservo molto gelosamente perché vuole essere un monito. La guerra è una gran brutta bestia. Bisogna tenerla lontana dai nostri pensieri e dai nostri cuori.

Quello di Charles Comfort è un altro nome importante dell'iconografia bellica canadese. Edimburghese di nascita, la famiglia si trasferisce a Winnipeg nel 1912. Appena quattordicenne, prende a lavorare presso la filiale d'arte commerciale della città e, nel 1916, già frequenta i corsi serali alla "Winnipeg School of Art". Trasferito a Toronto nel 1919, conosce e frequenta il "Group of Seven", interessante accolita di pittori che crede fortemente che una specifica

arte canadese possa svilupparsi attraverso il contatto diretto
con la natura e la composizione di opere ispirate al paesaggio canadese. Dopo aver preso una posizione molto attiva
sul tema del funzione sociale dell'arte, egli serve come artista di guerra ufficiale nella seconda guerra mondiale. Nel
novembre 1943, viaggiando via mare, lavora a fianco delle
forze canadesi in Italia insieme allo storico Samuel Hughes.

Davanti a noi, nel salone al pianterreno di Casa Berardi,
stanno alcune riproduzioni dei dipinti di Charles Comfort,
il cui lascito artistico registrerà l'imponente sforzo bellico
del Canada in Europa. Peraltro non sarà né la prima né l'ultima volta che ciò sarebbe avvenuto.

La prima rimarrà agli annali e alla gloria come la "battaglia del crinale di Vimy", un attacco alleato che, nell'aprile
del 1917, funse da apertura decisiva verso la conquista di
Arras, nella regione francese del Nord-Pas-de-Calais. Da
una parte della trincea il "Canadian Corp", dall'altra ben
tre divisioni dell'Armata tedesca. In forza autonoma per
quella prima occasione, i canadesi si resero protagonisti di
un'impresa strategica tanto importante da aprire alle forze
inglesi un varco in direzione sud. Fu bravura, fu un pizzico
di fortuna e fu per una pianificazione precisa dell'attacco.
Fu per quella tragedia che è la guerra che persero la vita
3598 ragazzi e in settemila rimasero feriti. Fu forse allora
che nacque, per il mondo intero, la nazione canadese.

La seconda epopea, a memoria, ebbe certamente luogo il
6 giugno del 1944, allorché la Terza Divisione Fanteria e la
Seconda Brigata Corazzata delle truppe canadesi sbarcaro-
no a Juno Beach. Su quella striscia di sette chilometri dello
sbarco in Normandia, i liberatori d'oltreoceano trovarono
un'indomita resistenza tedesca. I soldati attraversarono la
spiaggia sotto il fuoco delle mitragliatrici MG42 e dopo un
intensissimo scontro ravvicinato iniziarono la loro avanzata

nell'entroterra. Dei ventimila canadesi sbarcati a Juno Beach, 340 persero la vita, 574 furono i feriti e 47 i prigionieri. Il sacrificio valse il controllo della N13 tra Caen e Bayeux e l'unanime credito militare degli alleati. Il Canada contribuirà certamente alla disfatta nazista.

Tornando alle giornate di Ortona, nel seguire il conflitto che si va spostando da Casa Berardi al centro storico, si ripensa al contrasto strategico che sarebbe forse gravato pesantemente sul destino della città abruzzese. Per ricacciare indietro Hitler, l'esercito di Montgomery punta con decisione al ventre molle dell'Europa; per parte loro, gli americani sono persuasi che sia dalla Normandia in giù che dovrà scatenarsi il fuoco alleato. Tra l'altro, Montgomery e Clarck si stanno simpatici quanto Muhammad Alì e Joe Frazier (per dare un'idea). Per cui, mentre gli americani risalgono dal Tirreno, gli inglesi battono la via dell'Adriatico. Né gli uni né gli altri immaginano sino a che punto i tedeschi siano intenzionati a prendere alla lettera la loro stessa definizione di "guerra del centimetro". Sia come sia, ciascuno degli eserciti alleati è fortemente determinato a conquistare, per primo, Roma.

> Il mio Comandante, il presidente Roosevelt – scriverà il Generale Mark Wayne Clark nelle sue Memorie di guerra -, mi aveva detto che Roma doveva essere presa prima dello sbarco in Normandia e senza alcuna partecipazione britannica.

L'esercito canadese disposto a Ortona non può certo badare a queste diatribe militari, e lì si spende, lì avanza passo passo verso il centro, dove sono appostati i cecchini tedeschi. E sebbene la cittadina sia ormai un campo minato, sebbene nulla più di umano resti tra quei vicoli, dove tanta storia, piccola e grande, era passata o rimasta alla memoria,

quei giovani si dimostrano coraggiosi oltre misura e get-
tano le loro vite oltre le macerie di strade intransitabili, al
di là delle mura e delle pareti di ogni palazzetto occupato. Fino al22 dicembre, quando gli Sherman riescono ad
avanzare lungo Corso Vittorio Emanuele verso la piazza
di Ortona. La fanteria li segue. Mentre i prigionieri feriti
vengono trattati con la massima umanità (perché in quei
giorni di ininterrotta pazzia ancora resiste la pietà cristiana)
scatta la trappola tedesca. Un cumulo di terriccio e di pietra
blocca la colonna, appena dopo un carro salta su una mina
nemica e le mitragliatrici tedesche iniziano a colpire a morte chiunque sia in movimento o sia visibile dai loro mirini.
I canadesi capiscono che non ci sarà scampo per nessuno, a
restare sul corso, allora retrocedono e decidono, per il giorno dell'antivigilia, di addentrarsi a piedi nei vicoli laterali.
È ciò che i nemici hanno già previsto. Diventa una guerra
urbana, diventa un massacro.

Il 25 dicembrei canadesi approntano un surreale pranzo
natalizio nella chiesa di Santa Maria di Costantinopoli. Il
26 è Santo Stefano e ciò che rimane dei battaglioni canadesi occupa la piazza municipale; è quel che resta della città
di Ortona. Otto giorni per conquistare quattrocento metri.
Nella notte che segue i tedeschi si ritirano. Si sono spente,
tra civili e militari, circa tremila e cinquecento vite umane.
A fine anno il generale Montgomery, sulla cui cieca ostinazione grava la tragedia collettiva di una battaglia esasperata, si sposterà in Normandia. Mai più accennerà a Ortona,
come se nulla sia mai accaduto. Resterà, tra canadesi e ortonesi, un profondo legame storico e umano.

E qui siamo giunti infine, in una calda mattina di settembre: al "Moro River Canadian War Cemetery", sulla collinetta di San Donato presso Ortona. In questo rettangolo di

memoria sono disposte le tombe di 1375 caduti canadesi, di
169 inglesi, di 42 neozelandesi e di altri soldati ancora, tra
sudafricani, australiani e indiani.

The land on which this cemetery stands is the gift of the italian people for the perpetual resting place of the sailors, soldiers,
airmen who are honored here.

Quel che Giuliano e io leggiamo all'entrata precede le
migliaia di firme che giorno dopo giorno riempiono i libri
mortuari, e poi l'interminabile lista di quei cognomi. Re-
stiamo immoti dinanzi a una sfilata di lapidi, ciascuna re-
cante un nome, un grado e un pensiero.

J. I. Ruston veniva da Edmonton, era diciannovenne. Sulla stele del soldato Krikken, 22 anni, in basso, leggiamo:
"*Though your grave I cannot see. You are always in my
memory. Mother.*"

Su quella del sergente Sterlin campeggia la Stella di David e un elogio: "*Some gain eternity in a lifetime. Others
gain it in one brief hour.*" E i sassolini sul bordo superiore
della lapide.

Più di un migliaio di poesie in forma di commiato salu-
tano queste anime che a Ortona hanno trovato una forma
perpetua di vita.

Il silenzio sostiene la nostra contemplazione. Questo desiderio che ci coglie, di abbracciare chi fisicamente manca,
di parlare a chi non risponde e di ascoltare chi tace, è un
segno, forse, che non si muore invano. Perciò anche noi ci
troviamo lì a dedicare la nostra giusta riconoscenza a questi
nomi di ragazzi orgogliosi. Loro senza sapere cosa stesse

davvero accadendo al mondo e a loro stessi, fecero quel passo in più che li avrebbe resi immortali.

Era il 1943. Era Natale.

12
CUGINI

Generalmente i canadesi non si distinguono dagli americani;
il modo migliore per distinguerli è fare
questa osservazione ai canadesi.

Richard Staines

Abitare il medesimo Continente e starci larghi. Una densità che dipende da una geografia impervia. Tra Canada e Stati Uniti intercorrono 8.893 chilometri di confine! Sono memorie e destini ormai condivisi, sebbene la storia narri anche di ripetute controversie territoriali, a est come a ovest e molto più su, in Alaska. Pacifiche, fatta eccezione del conflitto di Aroostook ma allora era stato il Regno Unito a solleticare il dispetto degli americani. D'altra parte il legame ancestrale tra il Canada e il Regno Unito comincia ad allentarsi con l'avvento al potere di Trudeau. È allora che, al di là di ogni iniziativa diplomatica, la Politica cede il passo alla Storia, perché era venuto il tempo di rendersi diversi. È allora che il Paese percepisce la sua distanza rispetto a un'origine e a un'identità britannica che appare scritta, forse, sull'acqua. Potrebbe essere del tutto nuova la sfida del Canada? E se così fosse, non varrebbe la pena provare a scommettere? Da qui in poi, la coscienza del proprio bilinguismo supera ogni rivalità. Non era solo questione di riconciliare le due culture, era iniziare a tradursi. "I limiti del mio linguaggio – scrisse Ludwig Wittgenstein – costi-

tuiscono i limiti del mio mondo. Tutto ciò che io conosco
è ciò per cui ho delle parole." I canadesi possedevano il
doppio delle parole comunemente usate da chiunque fosse
nato in un luogo ove a una cosa corrispondeva una parola
soltanto.

Il bilinguismo la prima originaria differenza tra loro e gli
americani. Ciò non vorrà mai dire, dagli anni Sessanta in
poi, rinnegare minimamente un'alleanza che rappresentava
un elemento naturale della vita dei due popoli. I filosofi mo-
ralisti francesi non hanno mancato di sottolineare che ogni
alleanza presuppone una convenienza, un conto dell'utile, e
ciò contiene un grano di esperienza a cui riferirsi. Per parte
sua, Thomas Stearns Eliott aggiungerà a quel semplice concetto appena evocato la grandiosa saggezza della Poesia,
questa:

> La falsa amicizia può diventare vera,
> ma una vera amicizia, una volta, finita,
> non può più rinnovarsi. È più facile
> che sia l'inimicizia a diventare alleanza.
> L'inimicizia che non conobbe mai amicizia
> può trovare più facilmente un accordo.

Radicato sulla contrapposizione tradizionale tra conservatori e progressisti, tra repubblicani e democratici, l'agone
politico americano si distingue non poco da quello canadese
in ragione di una prassi della rappresentanza tanto radicata,
non modificabile. Mentre negli Stati Uniti gli schieramenti
sono a tal punto definiti da far smarrire all'elettore il senso
originario, il sistema canadese è rifuggito dal bipolarismo,
al contrario tendendo alla ricerca di una diversificazione
delle opinioni, degli interessi e delle ideologie.

Per rendere un esempio che chiarisca lo scarto tra i due paesi, il risultato delle recenti consultazioni politiche del 2021 (volute da Justin Trudeau per uscire dall'impasse di un governo minoritario) ha restituito una mappatura parlamentare che quasi perfettamente riflette le differenti composizioni del corpo elettorale.

A conti fatti i liberali rappresentano una forza più complessa di quanto dia l'immagine un po' personalistica della leadership trudoviana. In essa albergano ideali importanti, sebbene a tratti essi vengano espressi prescindendo dal progetto di riunire l'elettorato produttivo ed elitario della borghesia medio-alta, sensibile alla difesa dei diritti e delle libertà individuali.

Storici oppositori di questo schieramento sono i conservatori, fedeli a un'idea istituzionale e nazionale di un'appartenenza politica che aderisce alle tradizioni; è un elettorato che non accetta il destino, presentato come inevitabile, di una società multietnica, multiculturale e multireligiosa. Un giudizio approssimativi rimanderebbe tutto ciò a una posizione antica e fuori del tempo; più profondamente invece potrebbero riconoscersi la visione di un cambiamento graduale e un pensiero estraneo tanto dal *politically correct* quanto da un inesausto esercizio riconciliatorio con la Storia.

Quanto al *Bloc Québécois*, tale formazione risale agli inizi degli anni '90 e trae anche origine dalla finalità di superare le contrapposizioni violente e le rivendicazioni dell'estremismo indipendentista. Ormai il Blocco rappresenta la voce, più che legittima, di una popolazione che non rinuncia a levare la propria voce (in lingua francese) e a salvaguardare quelle eterogeneità costitutive che in parte rappresentano una fondamentale componente della società canadese.

Minoritarie ma non assenti sono quelle forze che si oppongono con fermezza alla globalizzazione e all'omologazione del dibattito politico attraverso degli ideali resistenti e in parte legati alle emergenze attuali. Da un lato vi è una formazione popolare, inscritta nell'alveo di una forza politica di cultura agricola e operaia; dall'altro vi è il *Green Party*, che non intende tacere o nascondersi dinanzi ai disastri ambientali, quali risultano dopo decenni di sottovalutazioni e di errori gravissimi.

Da questo quadro assai più composito risalta la distanza tra la politica statunitense e quella canadese. Esse sono due realtà esemplarmente difformi: la prima è la cornice di una dialettica politica, a volte assai incisiva e diretta, che però non basta a chiarire la divisione tra ideali conservatori e progressisti, tra una sinistra e una destra intese come declinazioni politiche inconciliabili. Piuttosto essa prospetta un generale contrapporsi di interessi nei campi dell'economia, della finanza e di lobby che stanno lì, in appoggio dell'una o dell'altra parte. Poche cose del resto sono ridicole quanto le entusiastiche o le allarmate reazioni delle destre o delle sinistre europee tradizionali all'indomani dei risultati delle presidenziali americane.

La seconda realtà, quella canadese, riflette invece uno schema che, nonostante una dialettica abbastanza complessa, ha difeso le differenti voci, rendendole una presenza costante e attiva nel panorama politico. L'impressione è che il Canada sia oggi l'ultimo laboratorio possibile di una composizione multiforme e multietnica della società. Una nazione dove sarebbe ancora perseguibile l'utopia di una rappresentatività di tutte le componenti ideali, umane, sociali ed economiche della società. Un'utopia?

E inevitabilmente, tra Utopia e Realismo si sviluppa una certa distanza tra i due paesi nord-americani, sebbene alcuni dati irriducibili rilevino di una prassi di buon vicinato. Anzitutto gli scambi commerciali, che tra Stati Uniti e Canada si attestano intorno all'80%. Del resto la storia del Novecento ha narrato di alleanze strategiche e militari di grande importanza: due conflitti mondiali e, negli ultimi quarant'anni, il sostanziale appoggio canadese alle politiche interventiste adottate dagli americani nelle aree di crisi asiatiche, medio-orientali, arabe ed est-europee. In questo senso fugano ogni dubbio le adesioni dei due paesi alla Nato, al Norad e al Gruppo dei "Five Eyes" (FVEY), un'alleanza di sorveglianza che comprende Australia, Canada, Nuova Zelanda, Regno Unito e Stati Uniti, paesi che hanno sottoscritto il trattato UKUSA per la cooperazione congiunta in materia di intelligence dei segnali.

Da ciò non va peraltro sottostimata la progressiva svolta politica canadese, ovvero la crescente cautela rispetto a una politica estera implicante un'intromissione nell'altrui sovranità. I dubbi riguardavano l'esportabilità della democrazia in contesti storici e politici assolutamente non adattabili al sistema occidentale, laddove altresì i regimi erano tirannici e le loro elezioni delle farse sempre meno accettabili; e i diritti umani violati con terribile sistematicità. Dubbio che ha origine da un saggio di Robert Moser, curato da Zoltan Barany, che verrà concepito nei dipartimenti di politologia dell'Università del Texas: *Is Democracy exportable?* Il commento di Pierre Salmon dell'Université Bourgogne Franche Comté, approfondirà ancora di più questo argomento:

> L'ordine politico internazionale resta orientato al mantenimento della pace tra i paesi, qualunque sia il loro regime politico. Il diritto internazionale e l'uso di vincoli come le sanzioni sono quasi esclusivamente legati a questa singola preoccupazione (discuterò l'eccezione per i diritti umani di seguito). Il pro-

cesso decisionale a livello internazionale, in particolare all'interno delle Nazioni Unite, è vincolato dalla necessità di ottenere l'acquiescenza dei governi non democratici. L'applicazione del diritto internazionale è quindi un compito sufficientemente importante e impegnativo. Più o meno legate all'ONU, le organizzazioni mondiali che operano in settori come il commercio, lo sviluppo, la finanza, la comunicazione, l'assistenza sanitaria, i rifugiati, i bambini o l'ambiente promuovono la cooperazione e lo scambio tra i paesi, anche in questo caso indipendentemente dai loro regimi politici.

***

L'attenzione ai diritti umani, centrale nella politica canadese, viene spesso sottolineata nell'ambito delle relazioni con gli Stati Uniti. A questo proposito la pena capitale, abolita dal parlamento canadese nel 1998, costituisce uno scarto evidente al confronto con quei quattordici Stati americani ove tale pratica è ancora attiva. Che insomma i vicini si fossero rifiutati di applicare la moratoria universale dell'Onu, ciò aveva segnato un'impasse insuperabile, tale da creare tuttora delle frizioni clamorose, ad esempio nel caso di Robert Lloyd Schellenberg, 38 anni dalla British Columbia, condannato a morte per traffico di stupefacenti da un tribunale cinese. Un verdetto apparso clamoroso giacché in primo grado l'imputato se l'era "cavata" con 15 anni di reclusione. Il ribaltamento operato dalla corte d'appello ha causato una grave crisi diplomatica tra i due paesi. La decisione della giustizia cinese è sembrata incauta: era la glaciale ritorsione a un verdetto avverso. Non era trascorso molto tempo da quando Meng Wanzhou, vice presidente e figlia del fondatore di Huawei, era stata fermata su indicazione americana dalle autorità di Ottawa perché sospettata di affari illeciti con l'Iran. A stretto giro la polizia di Pechino aveva arrestato due cittadini canadesi: l'ex diplomatico Michael Kovrig e l'imprenditore Michael Spavor, accusati di aver messo a rischio la sicurezza nazionale. Ventiquattr'ore dopo, il processo Schellenberg, che in primo giudizio era durato 4 anni, veniva revisionato con sentenza di morte. Al confronto con i fermi appelli già lanciati dall'Unione Europea, il silenzio americano sulla vicenda sarà suonato a Ottawa gravemente assordante. In Canada i diritti sono inalienabili; negli Stati Uniti un po' meno.

Vi è invece una passione che unisce i popoli confinanti: quella sportiva, e si chiama rivalità. Alcuni fatti starebbero a dimostrare che canadesi e americani si soffrono non poco. Il 14 giugno 2019, quando al termine di un'esaltante serie di playoff (sconfitte in sequenza Orlando, Philadelphia e Milwaukee), gli arbitri fischiano la fine del sesto incontro tra i Toronto Raptors e i Golden State Warriors sul 114 a 110, a Toronto scoppia una gioia incontenibile. È la prima volta che un quintetto canadese vince l'NBA. È quasi una felicità scomposta ed è la fine di un tabù. Lo strapotere americano sotto canestro si è interrotto. Probabile che tutto tornerà come prima, intanto c'è da festeggiare... Vincere può anche significare liberarsi dal giogo della sconfitta, e fu quel che valse l'abbraccio collettivo di Toronto.

Molto più equilibrato risulta il palmarés dell'Hockey su ghiaccio. L'NHL, ovvero la Stanley Cup, conosce un leggerissimo predominio americano, sebbene i Montréal Canadiens e i Toronto Maple Leafs abbiano collezionato, insieme, 39 titoli (di cui 26 solo i quebecchesi). Quanto a Vancouver, il primo e ultimo trionfo risale al 1915. La grande occasione di bissarlo si sarebbe presentata 96 anni dopo, ma il 15 giugno del 2011, giunti al settimo decisivo match con tre vittorie ciascuno, i Vancouver Canucks tracollano contro i Boston Bruins, che dominano e vincono 4-0!

Quel che accade a Vancouver al termine di quella finalissima sarà davvero traumatico per un'intera nazione. La rivolta dura all'incirca cinque ore. La memoria della cronaca cittadina e il ricordo popolare rubricheranno quei 300 minuti del 15 giugno 2011 sotto il titolo di*Vancouver Riots*. In una delle città più serene e pacifiche del pianeta si scatena un carosello teppistico come neanche sarebbe stato organizzato da un agguerrito gruppo di black blocks. Nei pressi di Georgia Street era stata allestita un'area per la tifoseria; vicino alla Rogers Arena erano state installate due grandi schermi per consentire di seguire la partita. La zona era stata recintata e controllata, il consumo di alcolici limitato al massimo, i negozi di liquori chiusi sin dalla prima mattina. Ciò non basterà a limitare i danni. Quelli materiali, alle proprietà e ai beni pubblici, superarono i cinque milioni di dollari canadesi; gli esiti umani furono vieppiù gravi: quattro casi di accoltellamenti,140 i feriti (tra cui nove agenti di polizia), tre gravemente, un centinaio le persone arrestate in flagranza.

Vero, non vi furono morti, eppure quegli eventi drammatici ebbero delle ripercussioni notevoli sulla psicologia collettiva: quei *riots* intaccarono la presunzione di incarnare un popolo pacifico. Com'era stato possibile ciò che non era mai stato nemmeno immaginabile? Le indagini a seguire durarono addirittura quattro anni; la polizia finì per identificare due sospetti organizzatori e formulò 887 capi d'accusa contro trecento persone.

In realtà quel genere di reazioni inconsulte non erano nuove; già a Edmonton e a Montreal erano successi episodi simili ma quegli atti di spregio contro le bandiere e le divise bostoniane impressionarono l'opinione pubblica; come se non fossero state due squadre a confrontarsi sportivamente, bensì due popoli nemici. Quelle che delusero un po' tutti furono le reazioni politiche. Il sindaco della città Gregor Robertson attribuì ogni responsabilità a un ristretto gruppetto di esagitati; il capo del Dipartimento di polizia di Vancouver Jimmy Chou azzardò un automatico collegamento con i contestatori dei giochi olimpici dell'anno prima. Alla fine le istituzioni locali spesero la definizione di "anarchici", tanto per acquietare ogni discussione.

Di positivo accaddero due eventi: il primo, che migliaia di volontari si dettero da fare per ripulire la loro città. Alle dieci del mattino successivo era come non fosse successo niente. Furono offerte colazioni gratuite a mo' di ringraziamento.

Il secondo episodio riguarda la poesia, e una coppia di innamorati. Lei si chiama Alex Thomas, lui Scott Jones. In quella notte tumultuosa stanno fuggendo insieme per ripararsi dagli scontri, come si scappa durante una rissa, senza sapere dove si sta andando. La polizia si fa loro sotto, Alex inciampa e due agenti accennano qualche manganellata, subito repressa dalle urla di Scott, che non fa fatica a convincerli della loro casuale presenza in quella zona di pericolo. Le guardie riprendono la loro carica contro i teppisti; in questa confusione assoluta, un fotografo dell'agenzia Getty, Richard Lam sta sfuggendo a una carica e intanto scatta una raffica di foto senza neanche guardare l'obiettivo.Quando riesce a svilupparle, rimane stupefatto. In una immagine, ci sono due giovani che sembra si bacino appassionatamente, stesi sull'asfalto fra un poliziotto con scudo e manganello e una folla che fugge, alla luce di fiamme e lacrimogeni. Lei ha la gonna sollevata, a svelare le gambe e un paio di caste mutandine nere. Lam si trovava a una quindicina di metri dalla coppia ancora a terra, e aveva scattato un'immagine meravigliosa, di Scott appena chinatosi sulla sua fidanzata all'atto di baciarla. Questo bacio fa il giro del mondo quanto il bacio di Doisneau. La differenza è che quello francese ha luogo in un attimo di sostanziale indifferenza e di stress collettivo, nel pieno vivere di una città indaffarata, mentre Il bacio di Scott e Alex è uno spontaneo gesto che annulla in tutta la sua tenerezza la ferocia insensata di quei ragazzi gonfi di alcol e di droghe, senza un presente e senza un'emozione. I loro occhi pieni dei saccheggi compiuti, gli occhi di Alex e Scott, pieni di amore.

"Stavamo cercando di andarcene dal centro – racconterà dieci anni dopo Scott- ma ci siamo ritrovati in una strada piena di poliziotti in tenuta anti-sommossa. Ci hanno caricato e abbiamo cercato di fuggire. Hanno cominciato a colpirci con gli scudi, cercando di farci muovere. Non eravamo aggressivi verso la polizia ma alla fine ci sono passati sopra. Così siamo finiti a terra. Lei era un po' scossa e io ho cercando di calmarla." A sua volta Alex cercherà di sminuire la paura di quella notte:"Buttata a terra? Non sono sicura. Non avevo mai provato niente di simile prima, ed era davvero pauroso. Ero sconvolta, sono caduta e non sapevo esattamente quello che stava accadendo. I poliziotti stavano facendo il loro lavoro. Noi eravamo nel posto sbagliato al momento sbagliato."

Questo episodio è a mio parere molto canadese. In fondo esso racconta di un atto spontaneo di riconciliazione in una società vivente, che ha forza di reagire. È un segno di pace, inoltre, che da solo annulla una guerra collettiva. La mette in ridicolo. Sta a significare che tutti quegli altri che corrono e si picchiano, sono degli imbecilli. Quello canadese, in sostanza, è un sistema sociale che rifiuta la banalità del male. Al contrario la società americana ha trasformato la banalità del male in un espediente narrativo che trova nella cinematografia un grande spessore. Attraverso la settima arte è l'individualismo a rappresentare i valori positivi e certamente è stata la collettività umana ad averli affermati sin dal principio.

Se n'è gia accennato altrove: la questione identitaria è stata l'elemento distintivo tra americani e canadesi. Ciò che per gli uni risulta essere, al massimo, una curiosità senza motivo, negli altri si rivela al pari di una risoluzione esistenziale. "Where do you come from?" non è una domanda ricevibile dagli statunitensi. È come se l'individuazione di un trisavolo scozzese fosse una circostanza ininfluente per chi ne ha notizia. Costui diventa americano sin dal primo minuto di ingresso nel paese. Sarà infatti questa la prima delle mille opportunità offerte ai cittadini indipendentemente dal loro vissuto. Da questo versante di generale orgoglio sorge, nel 1915, l'alba del cinema americano. "Libertà e unione saranno una cosa sola, ora e per sempre!" è quel che dice Ben Cameron alla sua Leslie durante il viaggio di nozze... *The Birth of a Nation* fu una pellicola esemplare: tre ore di montato nel corso delle quali sono narrate le due fasi costitutive degli Stati Uniti: la Guerra di Secessione e la successiva ricostruzione delle aree sconfitte. E se lasciamo al loro passato le feroci dispute politiche tra razzismo, Ku Klux Klan e pionieri dell'integrazione razziale, si può ben avvertire il carattere vincolante di un'opera grandiosa, che celebra la nascita di una nazione senza avi e senza ispiratori ideali: è l'atto di creazione di un Paese e di un Popolo. Dal capolavoro di Griffith discende una cinematografia che per i cento anni a seguire si atterrà a forme di verità espressiva inerenti al genere fantastico, se non quando all'iperrealismo. Del resto sul "sogno americano" veglia l'umano desiderio di conciliare i contrari dell'esistenza: la violenza con la liberazione, il vivere con il morire, la presenza con l'erranza e, ultima non ultima, l'etica protestante con la morale cattolica.La cultura americana è figlia di quella europea, con la differenza che da noi le due morali continuano a convivere. Di conseguenza il coraggio e l'eroismo diventano le attitudini più usate nel descrivere i tipi umani, il che trapela da alcuni film di Clint Eastwood, i cui protagonisti sono uomini solitari (*Gran Torino*), fuori dal mondo e pronti a rifarlo daccapo. Gli Stati Uniti sono spesso raccontati alla stregua di un "fai da te" sociale. Si vince o si perde, si pareggia di rado. Persino un poliziotto (come accade in *LA Confidential*) diventa un eroe a condizione che si ribelli ai superiori corrotti.

L'eroe americano deve sbrigarsela da sé. La polizia interviene all'ultimo momento, per legittimare una vittoria personale. E se l'eroe è proprio un poliziotto, allora immancabilmente i suoi metodi non piaceranno a chi lo comanda, ai suoi superiori, i quali però sanno di aver bisogno di lui. Secondo Mario Galeotti, sotto questo aspetto la cinematografia americana rappresenta una fabbrica di sogni e di miti c svolge un ruolo molto simile a quello della religione. Del resto, nei film c'è molto teatro greco, molto ritualismo cattolico laicizzato, molta predestinazione calvinista. Gli americani, per poter sopportare la loro società individualista, hanno bisogno di vedersi rappresentati all'opposto di quel che sono.

Il contrario sosterrà le basi della società canadese. A partire dai suoi territori, il Canada presentava una geografia umana, linguistica e naturalistica assai composita, con ciò divenendo una sorta di set complementare alle scene metropolitane. Da qui in poi, grande peso avrà il cinema del Québec nel porsi quale esempio di produzione resistente al monopolio e al colonialismo statunitense. Non è casuale che il cinema canadese nasca con il costituirsi della "Associated Screen News (ASN)", una produzione indipendente che si specializzerà, a livelli alti, nella documentaristica, con una settantina di opere importanti. Da una ricerca tanto accurata ebbe origine un'opera di grande pregio. Presentato come un *canadian cameo* per la regia di Gordon Sparling, *Rhapsody in Two Languages* (1934) proseguiva con brillantezza la tradizione delle "sinfonie cittadine" realizzate da registi come Dziga Vertov e Walter Ruttmann negli ultimi anni del cinema muto. Il titolo, ovviamente, non tradiva le attese di una società dove andavano prefigurandosi una complessità linguistica e culturale e un paese in trasformazione, in cui una derivazione rurale resisteva a un dinamismo sociale d'impronta urbana. Del resto fu proprio questa irresolubile complessità nazionale ad avvicinare il cinema canadese a quello europeo, dal documentarismo classico al *cinéma vérité*, alla *nouvelle vague*, sino ad arrivare all'artista decisivo, quel Denys Arcand che avrebbe mescolato con saggezza la realtà sociale a un'analisi politica irriverente e libera. A lui si deve, per conseguenza, la pellicola più importante della cinematografia canadese contemporanea.

Sono otto i protagonisti de *Il declino dell'impero americano*: quattro donne, una sposata, una separata con figli e due single; i quattro uomini sono docenti universitari, uno coniugato, uno separato, uno gay e uno single. Insieme trascorrono un fine settimana nella casa sul lago di Remy. Le donne sono in palestra, gli uomini cucinano. Le conversazioni ruotano intorno alle esperienze erotiche, sentimentali ed extraconiugali. C'è qualcosa di ossessivo nel loro raccontarsi. A cena tutto muta in un comune esercizio di buone maniere, fino all'incursione di Mario, che dapprima si unisce alla tavola, poi prende ad annoiarsi e infine se ne va, perché *lì si chiacchiera, non si organizza un'orgia…* Diane lo segue, rimangono in sei. A seguire, una lunga passeggiata svela problemi e contrasti, insomma uno stato di relazioni sfilacciate, prive di sostanza, finché uno si chiede apertamente: "L'esasperata caccia alla felicità personale, tipica della nostra società, non sarà per caso storicamente legata all'iniziale declino dell'impero americano?" I discorsi notturni si fanno ancor più cinici, disperati, finché una musica suona per il nuovo giorno come un invito a riaffrontare la stessa vita con la consueta ipocrisia.

Il film ebbe un riconoscimento mondiale. A metà degli anni '80 il Canada entrava a tutti gli effetti nel consesso intellettuale e artistico di Occidente e lo faceva oltrepassando l'uscio che gli era più congeniale. Il Paese aveva finalmente portato a compimento il suo tragitto di emancipazione rispetto ai racconti e alle immagini del cinema americano. Con la sensibilità di allora queste considerazioni verranno senz'altro lette in tutta la loro validità. Basta chiedersi cosa fosse, dagli anni Cinquanta fino al volgere del XX secolo, il cinema, cosa rappresentasse il suo messaggio, che valore assumesse un'opera vista in ogni parte del mondo. Il cinema era a quel tempo il massimo punto di connessione della narrativa universale. E *Il declino dell'Impero americano* riscosse un plauso a tal punto unanime da incrinare la secolare prossimità tra due nazioni e tra due popoli che, pur restando vicini, si avviavano a percorrere strade diverse.

Si potrebbe dire che questa metafora artistica di un Paese basterebbe a chiarire il destino tutto canadese di estendersi quale territorio vastissimo ma nello stesso tempo di difendere una dimensione intima e ristretta della propria sensibilità.

Ho spesso riflettuto sulla circostanza per cui i canadesi non riconoscessero, e quasi non accettassero, la loro *grandezza* e che ciò fosse probabilmente da riferirsi alla complessa relazione di vicinato con gli Stati Uniti d'America; che insomma questa forma di nascondimento rappresentasse un'attitudine distintiva indispensabile per affrontare la propria circostanziata identità. D'altronde, le ragioni di diffidenza tra canadesi e statunitensi non sono mai state né poche né trascurabili: esse attengono alla storia, alla formazione e allo sviluppo della cultura, all'organizzazione della società, alla tutela dei diritti, allo scarto tra individualismo ed egualitarismo, al rapporto tra il cittadino e la regola, alla relazione tra questi e l'autorità, al riconoscimento dei First Nation. Nonostante tutto ciò, sarebbe mai stato possibile un progresso basato sulla contiguità?

Ciò potremmo formularlo, non soltanto in due lingue ma persino in due accenti, il che è stato recentemente riportato con arguzia sul sito de "Linkiesta":

> Tra alberi d'acero, orsi e lunghe nevicate – scrive LinkPop – può coltivare un accento che non è né americano né british ma che al tempo stesso mantiene caratteri di entrambi. È diverso, insomma, ma sempre familiare. E non dà fastidio. Rispetto agli americani, per esempio, i canadesi sono un po' più conservativi. Il vicino di casa è, come per i britannici, un neighbour, mentre negli Usa è solo un neighbor. Lo stesso vale per colour, flavour, e così via. Il check, appena superato il confine, diventa cheque. Non solo: sono anche un po' più precisini: dividono i verbi greci in –ize, mentre i verbi latini finiscono in –ise. Gli americani non ci fanno tanto caso e standardizzano tutto su –ize. Che importa a loro? Le altre differenze tra American English e Canadian English riguardano, soprattutto, i vocaboli. A Ottawa il parcheggio a più piani è un parkade, il berretto invernale per il freddo si chiama toque e quando si corre, ai piedi, si indossano delle runners (e non certo delle sneakers). Se poi si ha necessità, si va in un bathroom o in un washroom, non certo in un restroom (Usa) e nemmeno in un lavatory (Uk). Il vero punto di distacco è il famoso "Canadian rising", ovvero l'innalzamento di certi dittonghi prima di alcune consonanti sorde (f, k, p, s, t). Gli americani, in realtà, non vedono grosse differenze tra un writer e un rider. I canadesi sì. E questo spiega molte cose.

Separati dalla nascita, si dice così.

13
PONTE SOSPESO

Vancouver! Vancouver! This is it!

David A. Johnston

David A. Johnstone rimase travolto dalla lava mentre assisteva all'eruzione del vulcano Mount St. Helens. Rischi del mestiere di vulcanologo. Aveva 31 anni.

Ero stato a Vancouver altre volte ma una la ricordo in modo particolare, quando interruppi la mia passeggiata e sentii nitidamente che qualcosa mi stava occupando. Erano pensieri in ordine sparso, erano visioni e ricordi. È in questo modo che una città ti entra dentro.

In un tratto del Pacifico, nel giugno del 1792, la spedizione del capitano britannico George Vancouver aveva incontrato quella dell'Ammiraglio Cayetano Valdés y Flores e del Capitano Dionisio Alcalà-Galiano e, condotta nel quadro delle esplorazioni spagnole di Malaspina.

Alejandro Malaspina era nato a Mulazzo, un paesotto nei pressi di Carrara. Un dipinto lo ritrae con l'uniforme della Real Armada, per la quale iniziò la sua carriera, a Cadice, nel 1775. Con tempestività egli arrivò a proporre alla Casa Real una spedizione di conoscenza e di ricerca (il tempo delle scoperte era concluso) nel nuovo continente. Salpò aiprimi di agostodel 1789 con due corvette gemelle, laDescubiertae laAtrevida, in onore e memoria delleDiscoverye-Resolutiondi James Cook. Toccata la Patagonia, le Isole Fernandez e poi Guayaquil, Panama, Nicaragua e Mexico, la spedizione si era spinta verso nord, sino a Disenchantment Bay, per dedicarsi agli studi etnografici.

I due equipaggi si scambiarono delle gentilezze e, dopo aver compiuto separatamente un giro dell'Isola di Vancouver, condivisero i rispettivi dati e gli appunti presi a Nootka. Quelle loro escursioni disconobbero in via definitiva qualsiasi ipotesi europea circa l'esistenza di una via navigabile verso l'Atlantico e segnarono l'ultimo grande viaggio condotto dagli spagnoli alla scoperta di unNorth-West Passagelungo il litorale dell'attuale British Columbia.

Il mio terzo approdo a Vancouver valse da prova che invece, dentro di me, un passaggio a nord-ovest esistesse davvero! Rammento con chiarezza quell'istante rivelatore, come avviene per i mutamenti inattesi ma non di meno forti nel loro manifestarsi. Tanto fu che dovetti fermarmi, guardarmi intorno e riconoscere i segni che da fuori, uno a uno, toccavano il mio animo.

Non ho contato le occasioni in cui ho camminato o pedalato lungo le miglia della Sea Wall. Definirlo un lungomare suona riduttivo. Il nostro lungomare, ad esempio, è un corso mediterraneo che si distingue per ciò che sta alle spalle di chi contempla l'acqua. È uno scorcio goduto da una barca in transito e, se ti troverai su quel tratto di strada, farai parte di un paesaggio urbano antico.

A me il Sea Wall dava un'emozione opposta: quella di godere di ciò che è *fuori*, di osservare ogni cambio di prospettiva e di farlo a perdita d'occhio; era quando alla mia destra si innalzavano o calavano le montagne e si aprivano il Georgia Straight o il False Creek. Ho perduto il conto degli orizzonti e dei cieli che di continuo diventavano altri cieli e altri orizzonti.

A perdita d'occhio: sin dove la vista può giungere. Ma non solo: sino al momento in cui il cuore sorvola i limiti della pupilla.

Non so perché ma diffido delle infatuazioni. Non credo a coloro ai quali basta una settimana e già perdono la testa per un paese, per una città o per un quartiere... È capitato a tutti. Andiamo in Andalusia, alle Comore, a Gaeta, in Patagonia... e prima di ripartire giuriamo che l'estate successiva ritorneremo. L'anno dopo stiamo progettando una nuova vacanza e nulla ricordiamo della precedente, non di un albergo o di una piazzetta, né di una spiaggia al tramonto...

"Quando si spezza il ponte, entrambe le sponde continuano a esistere."
Stanisław Jerzy Lec

Su qualsiasi sponda mi trovassi, ero assorbito da ciò che era l'esatto opposto rispetto al luogo a cui ero abituato.

Mi venne in mente una definizione latina:*genius loci*, ossiaun'ente di Natura che diveniva un oggetto di culto o un simbolo potente. Nella religione romana infatti il Genius rappresentava un nume tutelare, il custode delle sorti individuali. L'anima di una terra, di un'abitazione, di una casa. Ma anche il principio di una vita nuova.

Sto applicando la mia ascendenza romana a un luogo che non potrebbe esserle più distante: Vancouver.

Christian Norbert-Schulz è stato un architetto di grande spessore. Nato e morto a Oslo, in un suo saggio ha lasciato una traccia indelebile nel pensiero e nelle estetiche urbane e paesaggistiche*Genius Loci. Paesaggio Ambiente Architettura.*

"Il carattere è determinato da come le cose sono e offre alla nostra indagine una base per lo studio dei fenomeni concreti della nostra vita quotidiana. Solo in questo modo possiamo afferrare completamente il*Genius Loci*, lo "spirito del luogo" che gli antichi riconobbero come quell'oppostocon cui l'uomo deve scendere a patti per acquisire la possibilità di abitare."

I miei opposti, i miei ossimori logistici: Roma e Vancouver! L'una che ha conservato nei millenni opere, vestigia, simulacri, culti; l'altra che di ora in ora corteggia il nuovo, l'inusuale, l'inabitato, lo sconosciuto. Roma che nel suo passato è talmente immersa da non riuscire neanche ad affacciare il capo fuori di sé; Vancouver che è proiettata verso un futuro che accarezza ogni utopia; l'una città dell'esperienza, l'altra dell'esperimento.

E in quei pochi giorni di aprile, intorno al mio compleanno, mi sentii protetto dal mio esattoContrario, da ciò che in apparenza doveva restarmi estraneo, prospiciente ma che in sostanza sentivo divenire intimo, recondito. Rientrato a Roma avvertii il disagio di appartenere a un'altra parte di mondo. Da lì in poi, dentro di me, cambiarono molte cose.

Insomma quei pochi giorni di aprile non mi sarebbero bastati. Avrei eletto Vancouver a luogo di svolta e nessuna conversione, in quellahighwayche mi sembrava il Canada, mi appariva credibile.

L'estate seguente decisi di godermi un mese nella mia città nuova, stavolta non in un b&b ma in un appartamento.

Volevo uscire da un luogo che rimanesse identico al mio ritorno. Come l'avevo lasciato.

L'allora console italiano a Vancouver mi presenta un amico. È un agente immobiliare che da molti anniassiste i rappresentanti del governo italiano in visita a Vancouver. Trova loro un alloggio per il tempo di permanenza. Che Orazio sia buono di carattere, lo capisco al primo impatto. Lo scorgo da un volto che mai nega il suo sorriso all'interlocutore. Da lui emana una sorta di paciosità. Vera, perché quella degli agenti immobiliari romani è finta ed è sovente spesa al fine di vendere o di affittare al cliente occasionale. Orazio è di un'altra pasta. Disponibile, generoso, felice di dare informazioni affidabili sulla città, che conosce benissimo. E quella mattina un po' brumosa stiamo seduti, lui e io, dinanzi un caffè.

Noto che ha una certa somiglianza con Sean Connery. È come un ritratto un po' marcato dell'attore. Calvo, con un paio di baffoni molto accentuati, Orazio è una sorta di figura del mito mediterraneo. Se avessero immaginato un Dio della Fiducia, protettore dei mari, forse i greci ne avrebbero ripreso il volto per intero. Calabrese, si era trasferito a Vancouver dopo aver frequentato l'ISEF (in ogni ultima classe italiana di liceo trovavi sempre qualcuno in dubbio se iscriversi o meno all' "Istituto Superiore di Educazione Fisica", che era una cosa seria). Lui voleva raggiungere la sua fidanzata napoletana che si era trasferita in Canada con la famiglia, e la circostanza mi appariva sincera e letteraria. Un romanzo che non si sapeva come sarebbe finito ma che di sicuro era cominciato bene.

Mentre i ricordi vanno, il tramonto è passato con la sua esemplare lentezza; siedo su una panchina e ceno con una scatola di fragole comprata all'Urban Fair di Yaletown. Osservo un tratto di mare che non riesco a paragonare a nulla e aspetto che cali la notte con le sue vaghe sfumature di celeste e una foschia leggera e chetarmi.

La prima cosa che Orazio mi insegnò fu che, d'accordo, si possono amare il Canada, Vancouver… ma quasi mai si arrivano a conoscere i canadesi, e i vancouveriani men che meno. Come se vi fosse una comune indole a nascondersi dal prossimo. Come se ogni casa fosse un rifugio introvabile.

La saggia cautela di Orazio mi fu di grande aiuto. Perfettamente integrato nella sua canadesità ma non trasformato in un altro da sé, egli faceva leva sulla sensibilità del suo interlocutore in modo da trasmettergli, con modi assai sereni, persino qualche messaggio scomodo, inatteso, il che sapeva benissimo fare in forma implicita e indiretta; non un giudizio apertamente negativo, semmai un accenno ironico, a fugare ogni sospetto.

Perché Orazio, tuttora mio caro amico, scorgeva sempre il lato chiaro della realtà e spesso riusciva a conciliarla con le mie attese. Mi fece bene incontrarlo, perché in fondo avevo bisogno di un grande, positivo esempio di italianità.

Il Canada gli ha dato molto, certamente. Ed egli, come ci si aspetterebbe da ogninew comer, ha dedicato tutto se stesso al suo secondo Paese da cui aveva ricevuto, in premio, una bella vita. Ha generato 4 figli, tutti ottimi canadesi, ai quali rimarrà un bel cognome italiano. Un cognome d'altri tempi.

Intanto, sulla strada di casa, sto terminando un lungo giro in bici nello Stanley Park. Voglia di un hot dog e di una birra chiara, di bere e mangiare sdraiato sul prato, di creare intorno a me un silenzio gonfio di attese.

Vancouver, nel mio animo, è sempre stata il luogo di un qualunque domani. Più e più volte ho sentito la convinzione che un giorno mi sarei trasferito lì. Credo di averla compresa, questa città, perché ho avvertito con chiarezza il suo progressivo espandersi. Nulla che rimandasse a un movimento di conquista, semmai a un continuo aprirsi al mondo. Centocinquant'anni prima era un villaggio del nord-ovest, e a me impressionava che fosse diventata la terza città del Canada.

La prima città di un Canada futuro!

Leggo notizie e storie locali che mi aiutino a comprendere ancor meglio le ragioni di quel boom. Vancouver stava diventando un importante centro di commerci. Era un vasto porto sul Pacifico che stava aprendosi all'Asia. E negli anni Ottanta l'Asia era ancora un continente remoto.

Tutto cambiò con la dichiarazione congiunta sino-britannica del 19 dicembre 1984. In essa veniva concordato che la Cina avrebbe ripreso la propria sovranità su Hong Kong a partire dal 1° luglio 1997. Per molti abitanti della città fu ineluttabile il timore di perdere tutto. Parecchi hongkonghesi lasciarono per tempo la regione e numerosissimi trasferirono i loro capitali in Canada. L'inarrestabile sviluppo di Vancouver iniziò così.

C'era una forma di generosità tutta mediterranea che Orazio ha difeso con i denti: quella di condividere, per un senso di nascente cordialità, i suoi amici con i nuovi conoscenti. Perché egli, sin dal primo incontro, indovina chi gli diverrà amico e chi no. In questo senso mi sentii un prescelto.

Vuole presentarmi Fioretta. Le domanda un appuntamento sotto casa sua, a Marina Side, a poche decine di metri da dove verrà costruito il palazzo dove andrò ad abitare. Si scusa avvisandomi che lui non potrà partecipare all'incontro ma aggiunge che non ce ne sarà bisogno perché, dice, Fioretta e io siamo entrambi simpatici ed estroversi.

Attendo che scenda, non l'ho mai vista. Trascorre qualche minuto e una signora esce dal portone. Indossa un paio di calzoncini celesti e una canottiera chiara. Attraversa la strada, mi viene incontro. Quattro battute reciproche ed è come se ci conoscessimo da una decina d'anni. Vivace, una mente rapidissima al punto da superare se stessa senza nemmeno accorgersene. Una donna a cui non serve consultare una rubrica perché i numeri di telefono li ricorda tutti. Una donna che non conosce misura nel disporsi amichevolmente verso il prossimo, attiva e allegra come mai ne avevo conosciute. E non è un cuor contento, Fioretta, bensì una persona che serba in sé le proprie tristezze senza che esse ti pesino, mai. Come Orazio, lei è giunta in Canada da adulta, e nonostante questo è riuscita a costruire la sua presenza in un ambiente locale di alto livello.

Due settimane dopo Fioretta organizza una festa e mi invita. Ha deciso di presentarmi una ragazza che potrebbe piacermi. Quando arrivo mi rendo conto che lei e io siamo i soli italiani della serata. Ero meravigliato della disinvoltura con cui seguiva la sua seconda personalità, quella molto canadese. Fioretta era un'italiana doc, capace di volteggiare con serenità tra le nuvole di un cielo non suo.

Nelle ore solitarie camminavo e osservavo le persone. Molte di loro erano assorbite dalla lettura.

"Una città senza biblioteche è un luogo senza cuore", scrisse Gabrielle Zevin

Non mi sembrava una sentenza retorica. Altro è stato costruire una società in cui la lettura fosse al centro dell'esperienza! Altro innalzare una biblioteca al pari di un'icona insuperabile...

Nel marzo del 1869 il direttore della "Hastings Mill", JA Raymur, fondò lo "Hastings Literary Institute", sostenuto per abbonamento. Dopo il grande incendio del 1886, centinaia di libri dell'Istituto furono trasferiti nella nuova "Vancouver Free Library". In pochi anni tutti si resero conto che gli spazi di lettura erano sovraffollati, per cui ad Andrew Carnegie venne richiesta una donazione per una nuova biblioteca. Essa fu completata nel 1903 e rimase attiva per cinquantatré anni. La nuova Biblioteca Centrale fu inaugurata al 750 di Burrard Street nel 1957 per poi essere trasferita downtown il 26 maggio 1995. La nuova costruzione era costata oltre cento milioni di dollari.

"Una delle istituzioni americane più sovversive è la biblioteca pubblica", scrisse Bell Hooks.

La "Central Library" in West George Street è un monumento di architettura post-moderna. Ammicca agli anfiteatri romani e domina gli spazi attigui di una città contemporanea. Propone un milione e trecentomila volumi. Uno su mille è un libro in italiano.

"Che altri si vantino delle pagine che hanno scritto; io sono orgoglioso di quelle che ho letto", scrisse Jorge Louis Borges.

Il "Vancouver Public Library (VPL)" è un sistema di biblioteche pubbliche. Attraverso ventidue sedi e online, VPL serve quasi mezzo milione di membri attivi, ogni anno prestando circa 10 milioni di pezzi al pubblico.

Spesso nominata nella lista delle biblioteche più belle del mondo, la sede centrale della Public Library di Vancouver presenta uno stile architettonico sorprendente. Al suo interno si trovano negozi, ristoranti, uffici, un giardino pensile e un parcheggio.

"Entrai in libreria e aspirai quel profumo di carta e magia che inspiegabilmente a nessuno è mai venuto in mente di imbottigliare", scrisse Carlos Ruiz Zafón.

La mia ammirazione per Vancouver e per il suo primato bibliotecario è sempre rimasta viva.

Non so perché Fioretta avesse pensato a una buona compatibilità tra la sua amica e me. La cena fatidica sarebbe av-

venuta in un ristorante. Fui puntuale, anzi fummo puntuali
soltanto la "Prescelta" e io. Fioretta aveva architettato tutto
alla perfezione.

Ero curioso di conoscere una canadese di Vancouver. Ed
ero contento di parlarle e di ascoltarla.

Stava fuori del ristorante, in tranquilla attesa. Sentii che
era lei e mi avvicinai. Ci presentammo. Per oltre un'ora non
giunse nessuno. Eravamo come abbandonati in una sorta di
appuntamento al buio. Parlammo e parlammo. Finché ar-
rivarono i complici, inconsapevoli o meno. Ciò non mutò
di un ette la situazione perché noi due proseguimmo il nostro fitto dialogo, quasi fossimo una coppia isolata che, per
mancanza di coperti disponibili, era stata aggiunta a una
tavolata di sconosciuti. Lei preferì congedarsi per prima e
io mi offrii di accompagnarla all'automobile; ci salutam-
mo con una certa simpatia e ci scambiammo i numeri di
telefono. Era in partenza per un week-end lungo negli Stati
Uniti, con una sua amica. C'è sempre un'amica misteriosa
all'inizio di una relazione. Quando la richiamai, mi invitò
a cena. Allesei e mezza ero lì. Ilsole era ancora molto alto
nel cielo. Quando me ne andai, non era ancora tramontato,
eppure eravamo a un'ora dalla mezzanotte. Ci baciammo.

Erano bellissimi viaggi nel Continente, serate in città,
passeggiate in bicicletta, giornate in cui ho pensato di abitare nella casa che desideravo; era un piovere senza soluzione
e godere di ogni minuto di calore; era una memoria molto
incerta; erano paesaggi contemplati e poi rimpianti, tutte le
Americhe e due Oceani, a seconda di dove guardassimo.
Era l'orgoglio della romanità che ogni tanto affiorava dentro di me, quasi a conquistare un altro spazio di terra.

Nadie aveva lineamenti raddolciti e il viso di una studentessa. Dava di sé un'immagine rassicurante. Nonostante il suo cognome tradisse una evidente origine italiana, il carattere e i modi erano canadesi. Nella casa che di lì a un anno avrei comprato, abbiamo vissuto insieme la nostra diversità. E tutto sommato essa si è consumata nella reciproca comprensione delle differenze. In qualche maniera ci siamo assuefatti al silenzio, il che ci ha lentamente allontanati ai nostri destini senza che ciò gravasse più di tanto sulle nostre attese. Si respirava una sorta di quiete che rimandava a uno di quei film di Bergman in cui i protagonisti hanno compreso di non poter camminare insieme più di quanto non abbiano già fatto. Ma la riconoscenza è un'altra cosa, perché da Nadie penso di aver imparato molto. Nelle sue espressioni riconoscevo le mie stesse difficoltà; di chi, come me, confidava in una accoglienza priva di remore, in un'accettazione profonda di un altro mondo possibile e infine nella volontà altrui di discernere tra un diverso sentire e un differente agire. Certamente Nadie ha raffigurato un bel volto della mia Vancouver e via via ho percepito che quella città e quella donna si assomigliassero parecchio. Il nostro distacco ha in una certa misura segnato l'inizio del mio viaggio di ritorno, di un viaggio che, paradossalmente, non si concluderà mai, nel senso che nonarriverà a destinazione. Del resto, se non ti muove una piena nostalgia, non sai bene dove tornare. E così, se un giorno ripensassi a Vancouver e a Nadie come adue sorelle, proverei consolazione nel saperle entrambe serene e sicure di loro, come le ho salutate al principio e al termine del mio viaggio d'andata.

Ero appena arrivato a Vancouver, era metà giugno del 2019, quando lessi su un quotidiano che il Premier Trudeau si era impegnato a presentare le scuse ufficiali del governo alla comunità italo-canadese. Si riferiva alle violazioni dei diritti subite durante la Seconda Guerra Mondiale.

Ho subito pensato che tutti dovremmo chiedere scusa a tutti, perché quella del Novecento è stata la storia di violazioni senza fine. Difficile individuare un paese che non si sia macchiato di qualche orrore.

Oggi Petawawa è un paesello fluviale in Ontario. Nei suoi pressi, durante la seconda guerra mondiale, furono approntati dei campi di addestramento. Fino a ventimila unità dimorarono lì. Ma Petawawa sarebbe divenuto anche il campo di concentramento numero 33, con oltre seicento internati, in maggioranza italiani e tedeschi:*enemy aliens.*

Inoltre, decine di migliaia di Italo-Canadesi furono posti sotto sorveglianza dalla RCMP (Gendarmeria Reale).

Settantacinque anni dopo quegli episodi la GRC ("Gendarmerie Royale du Canada") si è ufficialmente rammaricata per quelle operazioni di internamento.

"Ai canadesi di origine italiana – si poteva leggere – sono stati lesi i diritti civili, influenzando e cambiando le loro vite per sempre… Il Canada ospita oltre 1,6 milioni di Canadesi di origine italiana, una delle più grandi diaspore italiane nel mondo. Negli anni successivi alla guerra, questi hanno dato un contributo incommensurabile al tessuto sociale, culturale ed economico del Canada".

Ho pensato che quelle scuse avranno anche il senso di rafforzare una comune identità tra abitanti della medesima nazione. Ciò appartiene all'indole canadese. Se si è canadesi, si deve essere uguali nei doveri e nei diritti.

Ecco perché le ragioni di quel trascorso accanimento risultarono piuttosto incomprensibili, essendo le vittime, prima di tutto, cittadini canadesi. I danni subiti da costoro, in quel tempo di guerra, furono irreparabili.

Ma l'inimicizia non è un sentimento che possa abitare qui. Non a lungo, perlomeno. Il Canada non è un paese ostile, semmai talvolta sia ostico, nel senso che ogni suo cittadino fatica a riconoscere nell'altro una possibile traccia di sé stesso. Questo piccolo disagio l'ho vissuto personalmente. Pur nella gentilezza e nella disponibilità che mi è stata offerta in qualsiasi momento, non riuscivo mai a sentirmi quale straniero completamente riconosciuto e integrato nella vita canadese. Da turista sono divenuto un*visitor*,poi un italiano piacevolmente amico, talvolta un rappresentante di istituzioni e di interessi italiani, talaltra il direttore del "Centro Studi Italia-Canada", che avevo creato per promuovere e diffondere la cultura e la società canadesi in Italia. Eppure, dopo anni, ero sempre gravato da una domanda pendente e per me insensata: a che titolo?

Quello che spesso sfugge ai cari amici canadesi è che, quanto più vi è un titolo ufficiale a guidare un'impresa benemerita, tanto meno essa appare credibile, forte di un'intenzione libera, di una passione che l'esperienza ha sviluppato.

Né una sola ragione personale né un solo titolo hanno contribuito ad avvicinare il mio animo al Canada. Un individuo si forma attraverso molte vicende, grazie a una storia complessa e a sogni che si realizzano nel corso di tante e tante notti. Ciò è valso anche per me.

Un libro e un viaggio sono avventure che si assomigliano. Due modi, simili, di muoversi nel corso di un'intera vita. Gli esiti saranno, entrambi, incerti, giacché porteranno dei cambiamenti non prevedibili.

Un viaggio e un libro, per quanto siano circoscritti nello spazio e nel tempo, non prevedono un terminal presso cui ci si fermerà per sempre, non annunciano, con l'ultima parola, la fine di una scrittura e di una lettura.

E mi coglie la sensazione che tutto ricominci dalla fine, da un ragazzo che risaliva un viale del rione Monti, in un racconto che non sapeva di scrivere.

POSTILLA

Non volevo scrivere un diario. Non intendevo realizzare una raccolta delle emozioni che mi legassero al Canada né tantomeno un almanacco di vita vissuta. Mi piaceva l'idea di riportare un'esperienza acquisita sul campo, una conoscenza della cultura, della storia e della politica canadesi che mi sono formato attraverso relazioni professionali e grazie all'osservazione di luoghi, fatti e persone che, per circa vent'anni, hanno arricchito la mia esperienza quotidiana e le mie conoscenze nell'ambito della storia, della società, del diritto e delle istituzioni canadesi.

Da una strana combinazione di serietà e di leggerezza, si era andata realizzando l'occasione di narrare il Canada da due differenti prospettive: quella soggettiva, fatta di impressioni e di circostanze vissute, e quella concettuale, a cui mi ero ispirato per delineare il Canada al pari di un plausibile laboratorio sociale per il vecchio Continente e, in particolare, per l'Italia, che in fondo rappresentava il mio angolo visuale da cui valutare le grandi differenze e le impercettibili similitudini tra i due paesi.

Perché proprio il Canada? Forse perché si tratta di un paese giovane, moderno, avanzato e in costante evoluzione; forse perché la sua storia aveva origine dall'Europa e con ciò mi appariva più prossima... Di certo il Canada aveva saputo affrontare le grandi questioni contemporanee: la risoluzione dei conflitti, la pacifica convivenza tra culture profondamente diverse se non quando avverse. E più che di teoria politica, quelle furono pagine di storia: inglesi e francesi, per secoli tra loro ostili, trovarono nei territori d'oltremare la strategia vincente per una convivenza pacifica e produttiva, tanto da rendere l'immigrazione una concreta, positiva opportunità di integrazione per i popoli a venire.

In centocinquanta anni i canadesi sono riusciti a creare, per tutti, condizioni di vita fondate sulla fiducia e sul rispetto reciproco. Sono stati un esempio per molte nazioni europee, e una speranza per il mondo intero.

INDICE DEI NOMI

ETEROTOPIE

Collana diretta da *Salvo Vaccaro* e *Pierre Dalla Vigna*

Finito di stampare
nel mese di marzo 2022
da Puntoweb s.r.l. – Ariccia (RM)